BEITRÄGE ZUR PHILOSOPHIE

Neue Folge

JOCHMANN-STUDIEN
Band 2

Herausgegeben von
HORST GUNDLACH
und
ULRICH KRONAUER

HORST GUNDLACH

Carl Gustav Jochmann

als Söldner, als Testator, als Stifter

Drei Studien
zu seinem Leben
und Nachleben

Universitätsverlag
WINTER
Heidelberg

Bibliografische Information der Deutschen Nationalbibliothek
Die Deutsche Nationalbibliothek verzeichnet diese Publikation
in der Deutschen Nationalbibliografie;
detaillierte bibliografische Daten sind im Internet
über *http://dnb.d-nb.de* abrufbar.

UMSCHLAGBILD

Knötel, Richard (1893): Uniformenkunde.
Lose Blätter zur Geschichte der Entwicklung der militärischen Tracht
(Bd. 4; Tafel 17). Rathenow: Max Babenzien.

Es handelt sich um die von Napoleon verordnete Uniform
für die Angehörigen des 1805 formierten Regiments Isenburg.

ISBN 978-3-8253-6943-9

Imprimé en Allemagne · Printed in Germany
Druck: Memminger MedienCentrum, 87700 Memmingen

Gedruckt auf umweltfreundlichem, chlorfrei gebleichtem
und alterungsbeständigem Papier.

Den Verlag erreichen Sie im Internet unter:
www.winter-verlag.de

Ulrich Kronauer

Vorwort

Im ersten Band der Jochmann-Studien wurde von Horst Gundlach, Lars Lambrecht und Renate Reschke aufgezeigt, dass der bedeutende, aber immer noch nicht genügend bekannte Spätaufklärer Carl Gustav Jochmann mit seinen Werken doch bei einigen wenigen Autoren des 19. und 20. Jahrhunderts nachhaltige Resonanz gefunden hat. Im zweiten Band der Studien nimmt Horst Gundlach die Spurensuche wieder auf, diesmal konzentriert auf das Leben und das soziale Engagement Jochmanns.

Eine solche Spurensuche wird nicht gerade erleichtert durch die Tatsache, dass Jochmann äußerst öffentlichkeitsscheu war. Auf diese Scheu ist auch vielleicht zurückzuführen, dass zumindest bisher kein Porträt des zeitkritischen Autors aufgetaucht ist – ein Umstand, der zumal für die Jochmann-Gesellschaft, die für ihren Autor werben möchte, äußerst bedauerlich ist. Es war Jochmann ungemein wichtig, seine Werke anonym zu veröffentlichen. In einem Brief an den Verleger Sauerländer vom September 1824 nennt er „die Verborgenheit" „die einzige Schutzwehr", „der sich in unsern Tagen ein ehrlicher Mann erfreuen mag". Jochmann fürchtete die politische Verfolgung, die „literarischen Häscher", wie er in einem weiteren Brief an den Verleger schreibt, die ihm „die Nebelkappe" vom Kopf schlagen könnten.

Es wirft ein Licht auf seine Persönlichkeit, dass er erst nach seinem Tod als großzügiger Spender sichtbar wird. In der Pühavaimu Straße in Pärnu in Estland, dem Geburtsort Jochmanns, erinnert eine Gedenktafel an dem Haus Nr. 26 daran, dass von 1873 bis 1917 in diesem Haus die von Carl Gustav Jochmann gestiftete sogenannte „Jochmann'sche Schule" untergebracht war. Diese Stiftung hatte Jochmann in seinem Testament festgelegt, ebenso wie seinen erheblichen Beitrag zu einer weiteren Stiftung in Karlsruhe. Horst Gundlach hat akribisch die Geschichte des Jochmannschen Testaments verfolgt und detailliert den Zusammenhang zwischen dem längere Zeit in Karlsruhe lebenden Autor und der „Karl Friedrich-, Leopold- und Sophien Stiftung zu Karlsruhe" nachgezeichnet.

Bei einer Tagung der Jochmann-Gesellschaft im Jahr 2014 hatte Jürgen Joachimsthaler über den „Lieblingswunsch“ des jungen Studenten Carl Gustav Jochmann, für die Befreiung Polens zu wirken, referiert und die vielen Unklarheiten aufgezeigt, die sich aus den Berichten über sein kurzes militärischen Engagement im Dienste Napoleons ergeben. Die ausgearbeitete Fassung des Vortrags von Jürgen Joachimsthaler, der inzwischen leider verstorben ist, wird im nächsten Band der Jochmann-Studien erscheinen. Joachimsthalers Vortrag hat Horst Gundlach dazu angeregt, nun seinerseits der „polnischen Episode“ nachzugehen. In einer eingehenden Studie entwirft er ein Panorama der Möglichkeiten, in welchem Regiment Jochmann gedient haben könnte und gibt dabei, gestützt auf zeitgenössische Quellen, Einblicke in ein Soldatenleben, das Jochmann zuwider sein musste und dem er sehr schnell den Rücken zugekehrt hat.

Inhaltsverzeichnis

Einführung

Über das Leben des Carl Gustav Jochmann (1789-1830) aus Pernau im Baltikum ist wenig bekannt. Dieser Denker der Spätaufklärung, Kulturphilosoph und Zeitkritiker, der durch Europa reiste und dabei viele Kontakte knüpfte, hat nur spärliche biographischen Spuren hinterlassen. Seine Veröffentlichungen ließ er anonym erscheinen, ein Gebot der Vorsicht in der Epoche der Restauration mit ihren willkürlich anwendbaren Zensurvorschriften. Es war wohl nicht zufällig, dass er nur in der Schweiz und im Großherzogtum Baden publizierte, Ländern, in denen diese Vorschriften weniger schonungslos angewandt wurden als in den größeren deutschen Monarchien. So wurde erst nach seinem Tod der Öffentlichkeit bekannt gegeben, dass seine Schriften von demselben Schriftsteller stammten, über dessen einzelne Werke zwar manche zeitgenössische Rezensionen zu lesen waren, über den jedoch Persönliches oder Hintergründiges zu Lebzeiten nie und nirgendwo gedruckt auffindbar war.

In den vorliegenden drei Studien soll versucht werden, drei Bereiche intensiver zu erkunden, die in biographischen Darstellungen Jochmanns erwähnt, aber dabei mangels zuhandenem Material nicht näher beleuchtet werden.

Erwähnt wird gern Jochmanns angeblicher Versuch, als jugendlicher Schwärmer sich dem Kaiser Napoleon als Söldner zur Verfügung zu stellen, während dieser die Welt glauben machte, sein Krieg gegen Österreich, Preußen und Russland gelte auch der Wiederherstellung der Freiheit der Polen und des versunkenen polnischen Staates. Die Quellen allerdings, aus denen diese biographischen Bemerkungen schöpfen, sind karg und widersprüchlich, sodass die Versuche, daraus etwas glaubwürdig Zusammenhängendes zu schmieden, wenig überzeugend klingen, wenn sie nicht gar der Ansicht Vorschub leisten, es handele sich doch nur um das Erzeugnis einer geschmeidigen Phantasie. Hier wird dagegen versucht, die französischen Fremdenlegionen und -verbände in der Zeit der dritten und vierten Koalitionskriege zu beleuchten, um abschätzen zu können, ob und wie der junge Student Jochmann den kühnen Gedanken, als ausländischer Söldner in diese Kriege zu ziehen, überhaupt hätte verwirklichen können. Es zeigt sich, dass dazu Möglichkeiten in der Tat bestanden hatten, dass man sich dabei in recht anrüchige Gesellschaft begeben musste und dass zudem der Wunsch, Polen zu neuer Freiheit zu verhelfen, keinesfalls erfüllt werden konnte. So ist nur zu verständlich, wenn Jochmann, sollte er sich in diese Lage begeben haben, baldigst sich aus dem Staube machte und sein vielleicht etwas langweiligeres Studium der Jurisprudenz in Heidelberg fortsetzte.

Jochmanns Testament wird in Abrissen zu seinem Leben gern erwähnt, und es ist bereits einige Male gedruckt worden, wenn auch mit Fehlstellen, und so mag gefragt werden, weshalb es wieder einmal behandelt werden sollte. Es gab zwei zentrale Punkte, die zu einer näheren Untersuchung einluden. Die bekannten Wiedergaben des Testaments, die alle aus der selben Quelle stammen, nennen keinen Ort und kein Datum. Dabei ist das Datum eines Testaments einer seiner wichtigsten Teile und entscheidend, sollte irgendwoher ein zweites Testament zum Vorschein kommen. Wie diese Lücke sich erklären mag, war eine Fragestellung. Ein zweiter Umstand musste ebenfalls etwas unruhig machen. Jochmann soll in diesem Testament eine erhebliche Summe einem "sich bildenden Fond zur Errichtung einer Verpfändungs- und Versorgungs-Anstalt für alte und gebrechliche, arbeitsunfähige Menschen" in Karlsruhe vermacht haben. Unter einer Versorgungsanstalt für die genannten Menschen kann man sich leicht etwas vorstellen. Was aber in aller Welt sollte eine Verpfändungsanstalt sein? Eine Pfandleihanstalt, ein Pfandhaus? Wer aber wird einem Pfandhaus ein Vermächtnis überlassen? Die Suche nach dem Original des Testaments verlief bedauerlicherweise ohne Ergebnis, doch wurde eine amtliche Abschrift des Originals gefunden. Es ergab sich aus der Suche im Umfeld der Testamentseröffnung, dass diese Abschrift nicht untadelig war. Jochmanns Vermächtnis, und das hatte die Abschrift nur undeutlich wiedergegeben, galt tatsächlich einer Verpfründungs- und Versorgungs-Anstalt. Das bezeichnet eine Art Altersheim mit zwei Abteilungen. In die Abteilung Versorgung wurden mittellose Menschen barmherzig aufgenommen. In die Abteilung Verpfründung hingegen konnte man sich mit einer bestimmten Summe einkaufen, erhielt ein eigenes Zimmer und bessere Verpflegung. Die zweite Studie beschreibt die aufgefundenen Archivalien um Jochmanns detailreiches Testament und um dessen Durchführung.

Dass Jochmann testamentarisch einer humanitären Stiftung eine erhebliche Geldsumme vermacht hatte, wird auch gelegentlich angeführt, wenn auch nicht selten zusammen mit jener kuriosen Bezeichnung, die einer unglücklichen Wiedergabe der amtlichen Abschrift des Testaments entstammt. Die hier vorliegende dritte Studie untersucht die Entwicklung des bedachten Fonds für die Verpfründungs- und Versorgungs-Anstalt in Karlsruhe, die Entstehung und Benennung dieser Anstalt sowie die eminente Rolle, die Jochmanns Vermächtnis dabei spielte. Es zeigt sich, dass die Karlsruher Zeitungen in den Jahren 1830 und 1831 dessen Bedeutung sehr wohl registrierten und hervorhoben. Die aus dem Fond entstandene Stiftung existiert noch heute unter dem Namen, den sie 1830 erhielt als die Karl Friedrich-, Leopold- und Sophien-Stiftung. In Karlsruhe ist der Name des Initiators dieser Anstalt und dieser Stiftung, des ersten Karlsruher Oberbürgermeisters Wilhelm Griesbach, noch wohlbekannt. Der Name Carl Gustav Jochmann hingegen scheint in den Abgründen der Vergangenheit versunken, wohl auch deshalb, weil in diesen Jahren niemand ohne weiteres den durch die Zeitungen bekannt gewordenen Namen dieses Stifters mit seinen anonymen Werken verbinden konnte, auf denen dessen heutige geistesgeschichtliche Anerkennung beruht. Das mag sich eines Tages ändern.

Erkundungen über Carl Gustav Jochmann und die Befreiung Polens

Unsere Kenntnis des Lebenslaufs des Carl Gustav Jochmann weist viele Lakunen auf. Sein Nachlass ist vernichtet oder verschollen, und nur wenige seiner Briefe sind überliefert. Einige seiner Bekannten haben Bemerkungen über unterschiedliche Ereignisse in seinem Leben festgehalten, doch stammen sie meist aus gebrochener Überlieferung und verbleiben im Andeuten.

Eine dieser ungeklärten Andeutungen betrifft Jochmanns angeblichen oder tatsächlichen Versuch, den Kaiser und König Napoleon militärisch zu unterstützen bei dessen vorgeblichem oder ernsthaftem Bemühen, die Freiheit oder zumindest die Unabhängigkeit des zwischen seinen Nachbarstaaten aufgeteilten Polens wiederherzustellen. Ob wirklich solch ein Hilfsversuch Jochmanns unternommen wurde oder ob er nur in das Reich der Phantasie gehört, ist strittig.

Werner Kraft[1], der Wiederentdecker Jochmanns im 20. Jahrhundert, schrieb, Jochmann sei "in die französische Armee zur Befreiung Polens" eingetreten, und er nennt dies ein Faktum. Andere Autoren behandeln die Faktizität dieser Aussage vorsichtiger. Welche Quellen sind verfügbar?

1.1 Die Quellen, 1.und 2. Garlieb Merkels Darstellungen

Zunächst muss nach den Quellen gefragt werden, die Aussagen in dieser etwas dunklen Angelegenheit vorlegen. Bekannt sind derzeit nur drei Quellen.[2]

[1] Kraft 1967, S. 8; 1972, S. 3. Zu Kraft vgl. Gundlach 2017.

[2] Eckardt kannte nur eine "einzige Quelle", der er deshalb vertraute, weil sie durch einen "Gewährsmann verbürgt" war (Eckardt 1869, S. 327). Damit meinte er, wie im nächsten Abschnitt zu zeigen, Karl Ludwig Blum oder auch Andreas v. Löwis of Menar. Mit den in diesem Abschnitt vorgelegten weiteren Quellen lässt sich dies Vertrauen steigern, soweit es um den Kern der Sache geht. Die Einzelheiten sind jedoch in diesen Quellen keineswegs kohärent überliefert.

Die erste und älteste Quelle ist in einem kurzen Nekrolog für Jochmann enthalten, den sein Freund und entfernter Vetter, der Schriftsteller Garlieb Merkel (1769–1850), verfasst hat. Er erschien 1830 in der Beilage des von Merkel herausgegebenen *Provinzialblattes für Kur-, Liv- und Esthland*, genannt *Literärischer Begleiter des Provinzialblattes*. Dort steht:

> Er hatte in Dorpat und Göttingen studirt; war eine kurze Zeit, um mannigfachere Lebensansichten zu gewinnen, in fremden Kriegsdienst getreten, und war dann nach Riga zurückgekehrt, um sich der juristischen Praxis zu widmen. (Merkel 1830, S. 89f.)

Der fremde Kriegsdienst war offensichtlich der französische, wie der zweiten Quelle, einer knappen Lebensskizze, zu entnehmen ist, die Merkel elf Jahre später drucken ließ. Sie wurde 1841 in der Dresdner *Abend-Zeitung* veröffentlicht. Darin heißt es zu Jochmann:

> Unser Held erhielt im Gymnasium zu Riga seine erste Bildung, studirte in Dorpat Jurisprudenz, und ging dann nach Göttingen, um, wie er sagte, sein Wissen zu v e r t i e f e n , und dann nach Frankreich. Er war dort, als 1806 der Kriegszug gegen Preußen aufbrach. Die Gelegenheit, das militairische Leben kennen zu lernen, war ihm zu reizend: er trat als Voltigeur in die französische Armee, und machte den Feldzug, und, ich glaube, auch die Schlacht bei Jena mit, doch als die Franzosen in Polen auf die Russen stießen, verließ er sie, um nicht gegen das Vaterland zu fechten. (Merkel 1841, Sp. 1629)

In einigen der 1810er Jahre lebten Merkel und Jochmann in Riga und hatten dort offensichtlich reichlich Kontakt miteinander. Es lässt sich also vermuten, dass Jochmann ihm diese Geschichte berichtete, denn Merkel beruft sich in der zweiten Quelle auf das Wort seines Freundes. Die erste Quelle ist recht unergiebig, doch es gibt immerhin eine Angabe über die temporale Erstreckung des fremden Kriegsdienstes, nämlich "kurze Zeit". Bei der zweiten, ausführlicheren Quelle ist anzunehmen, dass der siebzigjährige Merkel diese Sätze, allein auf seine vergilbenden Erinnerungen an Gespräche mit Jochmann gestützt, niederschrieb. Es sollte sich somit um Wissen über etwas handeln, das der schon lange verstorbene Jochmann selber mehr als zwei Jahrzehnte zuvor Merkel mitgeteilt hatte.

Allerdings weist der zitierte Teil der Erzählung Merkels so viele Irrtümer oder Missgriffe auf, dass hier zweifelsfrei der Versuch vorliegt, im Laufe vieler Jahre verblasste Erinnerungsbrocken durch leidlich plausible Konfabulationen anzureichern.

Zu dem, was als Irrtum oder Fehler heute leicht erkennbar ist: Jochmann war nicht auf dem Gymnasium in Riga, sondern, wie auch Merkel, auf der Rigaer Domschule, wenn auch wohl erst zwanzig Jahre später als Merkel. Jochmann hatte, anders als sein Bruder Johann Ludwig, nie in Dorpat studiert. Er studierte zwar die Rechtswissenschaft, aber dieses ab dem Sommersemester 1805 in Leipzig, dann ab dem SS 1806 in Heidelberg und erst ab dem SS 1809 in Göttingen. Als der vierte Koalitionskrieg ausbrach, der in den Schlachten bei Jena und Auerstedt kulminierte, also im Herbst 1806, war Jochmann weder in Göttingen noch in Frankreich, sondern in Heidelberg. So weit zu den eindeutigen Irrtümern.

Nicht vorderhand zurückzuweisen sind Merkels weitere Angaben, dass es Jochmanns Motiv war, militärisches Leben kennen zu lernen, dass er als Voltigeur diente, mithin als leichter Infanterist einer von Napoleon 1804 gegründeten Eliteeinheit, deren Angehörige dazu ausgebildet waren, im Falle schneller Truppenbewegungen hinter einem Kavalleristen aufzusitzen, dass Jochmann an der Schlacht bei Jena teilnahm, dass er die Franzosen verließ, weil er nicht gegen das Vaterland, also Russland, kämpfen wollte. Angesichts der Fehlgriffe Merkels in den vorausgegangenen Sätzen sollten diese Angaben jedoch keinesfalls arglos übernommen werden.

Die den vierten Koalitionskrieg entscheidenden Schlachten bei Jena und Auerstedt im Oktober 1806 hatten übrigens für Merkel selbst eine besondere Bedeutung. Deren Ergebnisse waren der Grund, dass er seinen damaligen Wohnsitz Berlin fluchtartig verließ und sich in sein Ursprungsland nach Riga zurückzog. Dass er der Jenaer Schlacht auch in Jochmanns Leben eine bedeutende Position einräumt, mag hiermit zusammenhängen. Auch Merkel war wie Jochmann russischer Untertan, somit Angehöriger eines Staates, der die treibende Kraft hinter dem vierten Koalitionskrieg gewesen war, und so empfahl es sich wohl aus mancherlei Gründen, Berlin zu verlassen, bevor französische Truppen dort einmarschierten.

1.2 Die Quellen, 3. Karl Ludwig Blums Darstellung

Die dritte Quelle für Jochmanns Ausflug in das Leben des Militärs findet sich in der Biographie des Andreas v. Löwis of Menar, die der aus Hanau stammende Philologe und Schriftsteller Karl Ludwig Blum (1796–1869) aufzeichnete und 1846 veröffentlichte. Blum hatte in Berlin und Heidelberg Jura und Geschichte studiert. Er nahm zwischendurch an den Befreiungskriegen gegen Napoleon teil. 1826 wurde er als ordentlicher Professor der statistischen und geographischen Wissenschaften an die Universität Dorpat berufen. 1851 ließ er sich dort emeritieren und kehrte nach Heidelberg zurück. Im Baltikum waren Blum und der baltische Edelmann Andreas v. Löwis of Menar (1777–1839) Freunde geworden.

Nach Löwis' Tod wurde es Blum zum "Bedürfniß, die unvergleichliche Persönlichkeit, wie sie meiner Seele sich eingeprägt, schmucklos und treu darzustellen" (Blum 1846, S. V). Als Quellen dienten ihm seine persönliche Bekanntschaft mit Löwis, mit dessen Angehörigen und Freunden sowie Löwis' hinterlassene Papiere, darunter Tagebücher, die er gelegentlich erwähnt. Auf Gespräche mit Jochmann selbst beruft er sich nicht. Er hat ihn wohl nicht persönlich gekannt.

Hier interessieren aus dieser Biographie die Bemerkungen, die Blum zu Jochmann und seinem Wunsch nach einer Befreiung Polens niederschrieb. Es ist anzunehmen, dass Blum seine Jochmann betreffende Darstellung einzig den Berichten seines Freundes Löwis verdankt. Wie weit Blum für diese militärische Episode Jochmanns auch Löwis' Aufzeichnungen und Papiere zu Rate ziehen konnte, lässt er ungesagt. Zum Verständnis muss bemerkt werden, dass Löwis in Heidelberg studiert und Jochmann ihn dort kennen gelernt hatte. Blum schildert Jochmanns Auftritt in der Biographie Löwis' mit diesen Worten:

> Unter den vielen Landsleuten, die sich in Heidelberg an Löwis anschlossen, thaten sich nachher mehrere hervor. Hier wollen wir nur Einen herausheben, weil dieser damals, und vielleicht niemals sich irgend wem so innig befreundete als unserm Löwis. Jochmann, den wir hier meinen, war sehr jung auf die Universität gekommen und mochte zu einem älteren Freunde, der ihm mit Rath und That beistehen konnte, sich um so lieber halten, als es in ihm kochte und siedete. Er gehörte zu den anziehendsten Erscheinungen, die jene bewegte Zeit aufzuweisen hat. Von Natur höchst begabt, bildete er frühzeitig seinen eigenthümlichen Charakter aus. Er war ein wunderbares Gemisch von scharfem Verstand und phantastischem Wesen, von kühner Thatkraft und ängstlichem Lauern, von praktischem Talent und stiller Beobachtung. (Blum 1846, S. 53)

Löwis hatte sich 1801 zum Studium nach Jena begeben. Zwei Jahre später zog er nach Studentensitte weiter. Am 24. Oktober 1803 immatrikulierte sich ein Edward Lewis of Menar, "livonus", also aus Livland stammend, als "stud. humaniorum", somit Student der Philosophischen Fakultät, an der Universität Heidelberg[3]. Dies war unzweifelhaft Löwis. Weshalb er sich

[3] Toepke 1903, S. 380.

unter irreführendem Namen eintrug, ist unbekannt. Bekannt ist, dass er dazu neigte, seinen Namen zu verschleiern. Blum spricht von einer "Schalkheit", die er "auch später mit Anonymität sich gern erlaubte" (Blum 1846, S. 60). Unter den Initialen E. M. veröffentlichte er in Heidelberg ein naturphilosophisches Buch, betitelt *Vom Leben der Erde* (Löwis 1807). Diese beiden Initialen könnten ein Spiel mit den Namen 'Eduard' und 'Menar' seines Matrikeleintrags sein.

Jochmann begann sein Studium der Rechte im Frühjahr 1805 in Leipzig, wo schon sein Vater diese studiert hatte. Er immatrikulierte sich am 11. Mai 1806 in Heidelberg mit dem Vermerk: Carl Gustav Jochmann aus Liefland, studiert Jura, war 1 Jahr in Leipzig, mein Vater Advocat in Pernau.[4] Die Bekanntschaft zwischen Löwis und dem etwas mehr als elf Jahre jüngeren Jochmann stammt somit höchst wahrscheinlich aus dem Sommer 1806.

Blums Bemerkungen über Jochmanns Wunsch und Taten, die Befreiung Polens betreffend, also die dritte Quelle, lauten:

> Nun er [Jochmann] in Deutschland die Siegeszüge der Franzosen erlebte, und sie rasch gegen Norden vordringen sah, erwachte in ihm ein alter Lieblingswunsch. Er wollte für Polens Befreiung wirken. Dazu meinte er am ersten Gelegenheit zu finden, wenn er Napoleons Adlern folgte. Sein Entschluß fand beim älteren Freunde [Löwis], dem er ihn allein vertraute, keine Billigung; doch blieb er fest. So speisten beide eines Abends denn noch mit den Freunden, und schlichen dann davon. Löwis gab ihm in dunkler Nacht das Geleite. Bald erhielt er einen Brief, der ihm Jochmanns glücklichen Eintritt in ein französisches Regiment meldete. Später schrieb derselbe noch mehreremale, zuletzt aus Danzig, wo er zum Lieutenant befördert in einer Schaar diente, die ihn anwiderte. Es war dieß das berüchtigte Regiment des Fürsten von Isenburg. Ueberdruß darüber und nähere Bekanntschaft mit den Freiheitshelden der großen Armee, von deren Führer [Napoleon] er für Polen nichts weiter hoffte, bewogen ihn bald, die Franzosen zu verlassen. (Blum 1846, S. 54f.)

Der im ersten Satz erwähnte alte Lieblingswunsch bezieht sich, so Blum (1846, S. 54) auf ein phantastisches Vorhaben, das Jochmann bereits in seiner Schulzeit gehegt haben soll, nämlich am Freiheitskampf der Griechen oder Hellenen gegen die osmanische Oberherrschaft teilzunehmen. Solch ein Wunsch eines Schülers um etwa 1800 ist glaubhaft, denn "am Anfang des 19. Jahrhunderts erreichte die Griechenland-

[4] Toepke 1903, S. 401. Der estnischer Name der Stadt schreibt sich 'Pärnu'.

begeisterung ihren Höhepunkt", hat Evangelos Konstantinou[5] festgehalten. Europäische Aufklärung und Französische Revolution wirkten als deren Katalysatoren, mutige Abenteurer wagten sich dorthin. Die Auseinandersetzung zwischen Venedig, Frankreich, Russland und dem Osmanischen Reich um die westgriechischen Inseln führte schon 1800 zur Gründung der Republik der Ionischen Inseln, des ersten griechischen Staates der Neuzeit.

Wenn denn etwas an der Geschichte des militärischen Einsatzes Jochmanns sein sollte, dann gibt Blum hier einige, wenn auch nur wenige Determinanten an. Zu den örtlichen ist zu sagen, dass das Fortschleichen offensichtlich aus Heidelberg heraus geschah und dass später in Danzig ein letzter Brief vor der Rückkehr nach Heidelberg aufgegeben wurde. Als zeitliche Determinante lässt sich die Wendung vom raschen Vordringen Napoleons nach Norden ansehen. Das Erwachen des auf Polen übertragenen Lieblingswunsches wird im Umfeld der für Preußen jämmerlich verlaufenen Schlachten von Jena und Auerstedt entstanden sein. Zuvor lag Preußen als ein Sperrriegel zwischen Frankreich und den Gebieten des von seinen drei Nachbarreichen aufgefressenen Königreichs Polen–Litauen. Der 14. Oktober 1806 wäre daher anzusetzen als *terminus post quem* für den Entschluss Jochmanns, die Waffen zu ergreifen, falls nicht anzunehmen ist, dass er seit Beginn des Feldzuges gegen die vierte Koalition, etwa seit Napoleons Abreise von Paris am 24. September 1806, bereits überzeugt war, Preußen werde wie Österreich und dessen Verbündeter Russland mit Gewissheit niedergerungen und der polnischen Beute beraubt werden. Als weitere Determinanten werden nur noch ein Regiment des Fürsten Isenburg und eine Beförderung zum Leutnant genannt. Ein späteres Desertieren wird angedeutet, als Motiv dafür wird Überdruss über den An-Führer[6] der

[5] http://ieg-ego.eu/de/threads/modelle-und-stereotypen/griechenlandbegeisterung-und-philhellenismus#DasphilhellenischeDeutschland (Erschienen: 2012-10-22, eingesehen 2018-04-27).

[6] Ein gewisser Überdruss Jochmanns an Napoleons wohl nur taktischen Bekundungen, sich für die Freiheit Polens einsetzen zu wollen, ließe sich in einer Bemerkung erkennen, die in Jochmanns langem Brief aus Tharand von 11. Juni 1819 an Sengbusch fällt: "Als Napoleon auf seinem Wege nach Moskau die kurzathmige polnische Conföderation schuf, ..." (Jochmann 1836, S. 24). Diese Konföderation hatte Napoleon zwar nicht erschaffen, doch hatte er das Herzogtum Warschau aus Teilen der preußischen, später auch Teilen der österreichischen Polenbeute gezimmert. Nur wenige Tage nach Napoleons Einmarsch in Russland – aus polnischer Sicht in von Russland geraubte polnische Gebiete – am 26. Juni 1812 hatte sich der Sejm oder Reichstag des

vermeintlichen Freiheitshelden genannt und als unscharfe zeitliche Determinante wird die Rückkehr nach Heidelberg mit dem temporalen Adverb 'bald' markiert.

1.3 Fehldeutungen der Quelle Blum

Ein Satz Blums gab Anlass zu einigen Missverständnissen in der Sekundärliteratur, die hier aufgeklärt werden sollten, da sie zu unbelegten Behauptungen über Jochmann und sein Leben geführt haben:

> Später schrieb derselbe noch mehreremale, zuletzt aus Danzig, wo er zum Lieutenant befördert in einer Schaar diente, die ihn anwiderte. (Blum 1846, S. 54)

Der um Jochmanns Biographie sehr verdienstvolle Eberhard Haufe schlussfolgerte daraus:

> 1807. In Danzig, das am 26. Mai von den französischen Truppen eingenommen wird, avanciert Jochmann zum Lieutenant, verläßt aber bald darauf enttäuscht das napoleonische Heer. (Haufe 1876, S. 240)

Nun steht aber bei Blum durchaus nicht, dass es in Danzig war, dass Jochmann diese Beförderung erhielt. Blums relativisches Adverb 'wo' bezieht sich auf das 'diente' und nur darauf. Es hätte sonst heißen müssen, "wo er zum Lieutenant befördert wurde und in einer Schaar diente". Der Satz Blums besagt nur etwas über die Beförderung, doch nichts über deren Ort oder Zeit. Dass sie irgendwo und irgendwann während seiner militäri-

Herzogtums Warschau in eine allgemeine polnische Konföderation zur Wiedervereinigung der polnischen Nation konstituiert, woraufhin Napoleon am 1. Juli in Wilna eine vorläufige, aus Polen bestehende Regierung einsetzte, jedoch die Errichtung eines Königreichs Polen ablehnte. Diese Konföderation blieb so erfolglos wie ihre Vorgängerin, die polnische Konföderation von Bar in Podolien vom 29. Februar 1768 oder deren Vorgängerin von Radom vom 23. Juni 1767. Einer der zahlreichen Gründe für die trotz dem Vertrag von Tilsit zunehmende Gegnerschaft zwischen Russland und Frankreich war der Verdacht des Zaren Alexander I., Napoleon wolle ihm ein unabhängiges Königreich Polen vor die Haustür setzen, das nicht nur die preußische und die österreichische, sondern auch die russische Teilungsbeute umfasse.

schen Laufbahn geschehen sein musste, muss nicht weiter erklärt oder betont werden.

Für seine zweite Auflage zerlegte Haufe diesen Satz in zwei Sätze, und in beiden wird jetzt Danzig genannt. Auch die dritte Auflage enthält den neuen Wortlaut:

> 1807. *Mai 26.* Einnahme Danzigs durch die französischen Truppen. In Danzig Ernennung Jochmanns zum Lieutenant. (Haufe 1980, S. 270; 1990, S. 255)

Haufe hat Blums Partizipialkonstruktion falsch aufgefasst. Er hat keine neuen Quellen aufgetan, denn er betont in allen Auflagen, Jochmann habe diese Episode später verschwiegen, uns sei sie nur durch Merkel und Blum in hier zitierten Publikationen überliefert.

Nun zu zwei Beispielen für Fehldeutungen, die sich vermutlich aus der Lektüre Haufes ergeben haben. Fauser schrieb, dass Jochmann

> ... sich 1806 der französischen Befreiungsarmee für Polen anschloß; nach der Einnahme Danzigs und der Ernennung zum Leutnant verließ er den Militärdienst aber schon ein halbes Jahr später wieder. (Fauser 1986, S. V.)

Schaut man milde über die aus dem Stegreif erfundene "französische Befreiungsarmee für Polen" hinweg, so ist festzuhalten, dass hier "nach der Einnahme Danzigs" als diejenige Zeit angegeben wird, zu der die Ernennung stattgefunden haben soll. Eine Quelle für diese Angabe wird nicht genannt, aber es ist wohl zulässig, dafür Haufe in Anspruch zu nehmen.

Ein weiteres Beispiel für ein tagesgenaues, doch leider nur imaginäres Wissen findet sich ausgerechnet im *Lexikon der deutschsprachigen Literatur des Baltikums und St. Petersburgs*. In diesem dreibändigen Nachschlagewerk heißt es zu Jochmann:

> Spätherbst 1806. Eintritt für einige Monate in das franz. Regiment des Fürsten von Isenburg zur Befreiung Polens, 26. 5. 1807 Ernennung zum Leutnant. (Gottzmann & Hörner 2007, S. 632)

Eine spezifische Quelle wird selbstverständlich in einem solchen Lexikon nicht genannt. Es liegt aber nahe, dass hier Haufes örtliches Missverständnis um noch ein weiteres, ein zeitliches angereichert wurde. So werden nach der Methode Stille Post Quasi-Fakta erzeugt, die später zu selbstverständlichem Allgemeinwissen ausreifen könnten.

Der Leser mag sich fragen, weshalb sich hier mit diesen Quisquilien befasst wird. Sehr einfach. Diese Methode der parthenogenetischen Gewissheitenerzeugung verwischt die Fragen, die sich aus den drei Quellen ergeben können, etwa: – welches Regiment Isenburg kann das gewesen sein, zu dem Jochmann gehörte? – wieso ist von keinem Regiment Isenburg überliefert, dass es bei der Belagerung oder der Einnahme Danzigs beteiligt gewesen war? – was könnten die Gründe sein, dass Jochmann über diese Episode (nahezu immer) Schweigen bewahrte ? – wie machte man das, mitten im Kriegsgeschehen prompt nach einer Beförderung beim Regiment zu kündigen und abzuziehen an die Brust der *alma mater*? – sollten wir glauben, ein französisches Regiment, das sich gerade im Krieg gegen Russland befindet, befördere einen russischen Untertan am Tag der Einnahme einer Feindesfestung?

Angesichts dieser Fragen klingt die Geschichte der Teilnahme an der Befreiung Polens vollends wie ein Märchen, das sich jemand, sei es Jochmann, sei es Merkel oder Löwis oder Blum, zurechtgelegt haben mag, um dem geistigen Leben Jochmanns auch etwas wie Abenteurerwürze beizumischen. Versuchen wir, den Fragen nachzugehen.

1.4 Vergleich der drei Quellen

Die beiden Quellen aus Merkels Feder sind sicher von einander abhängig, aber die Blum'sche Quelle ist davon offensichtlich unabhängig. Die beiden ersten beruhen auf etwa zehn Jahre nach der kriegerischen Begebenheit stattgehabten Unterhaltungen mit Jochmann in Riga und deren Mutation im Gedächtnis Merkels, die dritte dagegen beruht nicht auf Jochmanns persönlichen Mitteilungen, sondern auf Berichten eines vertrauten Freundes, vielleicht auch auf dessen Tagebuch, falls nicht sogar auf zeitnahen Briefen Jochmanns an Löwis aus dessen Nachlass.

Die Unabhängigkeit der beiden Quellenarten wird nicht nur durch die unterschiedliche Entstehung, sondern auch durch die erheblichen Differenzen belegt, zumal bei den Aussagen über Jochmanns Motive. Während Merkel sagt, es sei der Wunsch gewesen, das militärische Leben kennen zu lernen, der Jochmann veranlasste, Heidelberg zu verlassen, ist es bei Blum der Wunsch, für Polens Freiheit einzutreten. Während Merkel sagt, es sei die Abneigung, gegen sein Vaterland zu kämpfen, die Jochmann dazu brachte, aus dem französischen Militär auszuscheiden, ist es bei Blum die Einsicht, dass Napoleon sich nicht ernsthaft um die Freiheit Polens kümmere.

Die Quellen enthalten einen einheitlichen Kern, der den Zeitrahmen und das Eintreten in französische Streitkräfte betrifft. Gemäß beider Quellenarten, der erinnerten persönlichen und der überlieferten Mitteilung, erstrebte und erreichte Jochmann in der zweiten Hälfte des Jahres 1806 seine Aufnahme in das Militär, vermutlich das französische oder, um Vorsicht walten zu lassen, vielleicht in das eines Bundesgenossen Frankreichs. Werner Kraft ist soweit zuzustimmen, dass diesem Kern ein gewisses Maß an Faktizität zuzubilligen ist. Was hingegen die einzelnen Determinanten und zumal Jochmanns Motive zum Aufbruch aus Heidelberg betrifft, denen Kraft die gleiche Faktizität zuspricht, so sollte den entsprechenden Aussagen größere Zurückhaltung entgegengebracht werden.

Größte Zurückhaltung zeigt dabei Jürgen Joachimsthaler (i. V.), der darauf verweist, dass das Motiv der Hilfe für Polen weniger in das erste, sondern sehr viel besser in das dritte und vierte Jahrzehnt des neunzehnten Jahrhunderts passt. Diese zutreffende Beobachtung erlaubt jedoch nicht, das Motiv Jochmanns daran abzuschätzen. Sie erlaubt höchstens die Vermutung, dass der Biograph Blum dieses Motiv deswegen in seine Darstellung einbezog, in der Jochmann so wie so nur eine Nebenfigur darstellt, weil es eben in die Zeit der Veröffentlichung seiner Biographie des Löwis sehr gut passte. Das Thema der Zukunft Polens war aber schon im ersten Jahrzehnt des genannten Jahrhunderts auf der Tagesordnung. Man lese nur den Artikel *Ueber die politische Wiedergeburt von Polen* aus dem Dezember 1806. Dort heißt es:

> Polen soll wiedergeboren werden. Seine neue Bestimmung ward bei Jena entschieden. Seit dem Ende des vorigen Monats wehen die Adler Napoleons an den Ufern der Weichsel. Er wollte die Unabhängigkeit Polens zu Warschau proclamiren, wenn die Polen eine Insurrection von 30–40,000 Kriegern organisirt hätten. ...
> Schon zu Berlin erklärte Napoleon den von Posen dahin gesandten Polnischen Deputirten, dass Frankreich k e i n e der Theilungen Polens je anerkannt habe. (anon. 1806, 1209f.)

Die Begeisterung der polnischen Bevölkerung für den Franzosenkaiser kam mit seinem Einmarsch in Warschau Ende 1806 auf einen Siedepunkt. Die schwachen Taten, die Napoleon starken Worten folgen ließ, etwa die Herstellung eines Herzogtums Warschau aus einigen der Landstriche, die Preußen übernommen hatte, und die Inthronisierung des sächsischen Königs als dessen Herzog, dämpften vielleicht diese Begeisterung, töteten sie aber nicht ab. Auch außerhalb polnischer Gemeinden war Mitgefühl mit den unterdrückten Polen verbreitet. Joachimsthalers Beobachtung, so zutreffend sie ist, gestattet somit nicht, aus ihr heraus den Kern der Erzählung der Quellen anzuzweifeln.

Weitere Quellen zu Jochmanns Exkursion ins militärische Leben haben sich bisher nicht finden lassen. Daher ist es zur Einschätzung der Zusammenhänge unentbehrlich, sich vorstellen zu können, welche Ereignisse, Bestrebungen und Zusammenhänge in der fraglichen Zeit Jochmann, seinen Freunden und Kommilitonen bekannt gewesen sein müssten. Um diese zeitgenössischen Gegebenheiten und ihre Abbildung im öffentlichen Bewusstsein politisch Interessierter vorstellbar und zeitlich einfügbar zu machen, wird im Folgenden ausgiebig aus den Presseerzeugnissen jener Zeit zitiert. Das beruht weder auf der Vorstellung, darin sei immer nur Tatsächliches berichtet, noch auf der Annahme, Jochmann und seine Freunde hätten diese allesamt gelesen. Weil jedoch damals Zeitungen oder Zeitschriften ihre Nachrichten und Kommentare ohne weiteres aus anderen Zeitungen bezogen, darf angenommen werden, dass eine große Zahl der hier zitierten zeitgenössischen Berichte das Abbild, das sich Jochmann und der Kreis, in dem er sich in Heidelberg bewegte, von den politischen und militärischen Geschehnissen ihrer Zeit machten, direkt oder indirekt prägten und färbten.

Die Nachrichten über räumliche und zeitliche Gegebenheiten aus dem historischen Abschnitt, in dem sich Jochmanns militärischer Streifzug hinweg vom trübgrauen Universitätsalltag der Juristischen Fakultät hat abspielen müssen, wenn er denn tatsächlich stattgefunden hat, ergeben den Zeit-Raum oder die Raum-Zeit als eine vierdimensionale Hohlform, an der die Möglichkeit erkundet werden kann, ob dieser Abstecher in das martialische Handwerk erstens überhaupt und zweitens in welcher Gestalt hat verwirklicht werden können.

Blums Hinweis auf "das Regiment des Fürsten von Isenburg" klingt wie ein wünschenswert eindeutiger Hinweis auf diejenige Einheit in der Flut Napoleonischer Heeresverbände, die Jochmann aufnahm. Dieser deutliche Fingerzeig sei daher näher betrachtet. Zeigen wird sich jedoch, dass er keineswegs eindeutig ist.

2.1 Ein erstes Regiment Isenburg

Die Suche nach dem von Blum benannten, einschlägigen Regiment Isenburg wird dadurch erschwert, dass die ausgedehnte Sippe derer von oder zu Isenburg ihren Namen verschiedenen Regimentern gegeben hat. Dabei ist sogleich festzuhalten, dass dieser Familienname in unterschiedlichen Schreibweisen zu finden ist. Im Deutschen konkurrieren hauptsächlich die Formen ‘Isenburg’, ‘Jsenburg’ und ‘Ysenburg’, im Französischen neben den deutschen Formen zusätzlich ‘Isenbourg’, ‘Isembourg’, ‘Ysenbourg’, ‘Ysembourg’ sowie seltenere Schreibweisen wie etwa ‘Jsembourg’ oder ‘Issembourg’. Dempsey spricht buchstäblich vom “chronic mis–spelling by the bureaucrats of the French Ministry of War” (Dempsey 2002, S. 252). Zu diesen Gegenspielern einheitlicher Rechtschreibung zählten außer den genannten Bürokraten noch Journalisten, Setzer und auch Napoleon selbst.

Das älteste Regiment, das als Regiment Isenburg bezeichnet werden konnte und wurde, ist ein baierisches. Die Wahrscheinlichkeit, dass dies dasjenige ist, in dem Jochmann hatte dienen wollen und können, ist gering. Dennoch sei es wegen der Möglichkeiten der Verwechslung dargestellt und die Wahrscheinlichkeit, dass Blum dieses gemeint haben könnte, danach abgewogen.

Dies Regiment Isenburg hat eine lange Geschichte, und Karl Käuffer (1895), ein Hauptmann dieses Regiments, hat sie festgehalten. Aussagen über dies Regiment ohne anderen Quellenverweis sind seiner Darstellung entnommen.

Zur Vorgeschichte gehörte ein pfälzisches Bataillon mit wechselnden Benennungen. Der Name ‘Isenburg’ kam in seine Geschichte, als es am 25. Juni 1801 durch Kabinettsordre neuerlich einen anderen Namen erhielt, nämlich “Rheinpfälzisches Bataillon Graf von Ysenburg”. Denn General-Lieutenant Graf Georg August zu Ysenburg und Büdingen in Philippseich[7] (1741–1822) war der Regimentsinhaber oder Proprietär, wie es damals hieß. Bereits am 1. November 1801 wurde es umbenannt zum “Rheinpfälzischen Infanterie-Regiment Graf von Ysenburg”. Es hatte sein Stammquartier nahe Heidelberg in Mannheim. Zu einem nicht nur so genannten, sondern tatsächlichen Regiment wurde es erst 1803 durch Übernahme fürstlich-bambergischer Truppen als seines zweiten Bataillons. Nachdem die Kurpfalz samt Mannheim Baiern und den Wittelbachern verlorenging, wurde es nach Bamberg verlegt. So berichtete die *Allgemeine Zeitung*[8] im Mai 1803, das zur Fränkischen Division unter General-Lieutenant Graf v. Isenburg gehörende Regiment Isenburg stehe in Bamberg. Ab 1804 hieß

7 Biographische Angaben in Simon 1865, S. 351f.

8 *Allgemeine Zeitung* Nro. 130, S. 519. Dienstag, 10. Mai 1803.

es “Kurfürstlich 9. Linien-Infanterie-Regiment Graf von Ysenburg”. Mit Aufstieg des baierischen Kurfürsten zum König 1806 wurde es zwanglos umbenannt in “Königlich baierisches 9. Linien-Infanterie-Regiment Graf Ysenburg” oder auch “Isenburg”, kurz Regiment Isenburg. Unter dieser Bezeichnung wurde von ihm in den Gazetten berichtet.

Im September 1805 beispielsweise meldete eine Zeitung[9], “das zweite Bataillon des Regiments Isenburg [sei] von Bamberg nach der Oberpfalz aufgebrochen”. Denn der dritte Koalitionskrieg Frankreichs und seiner süddeutschen Verbündeten gegen Österreich, Russland, England war ausgebrochen. Nach dem Frieden von Preßburg las man im Januar 1806, das Regiment Graf Isenburg werde nach dem soeben von Österreich an Baiern abgetretenen Tirol verlegt.[10]

Im Frühjahr 1806 ging Jochmann von Leipzig nach Heidelberg und befreundete sich dort mit Löwis. Wenn man etwas in den Zeitungen zur Lage Europas las, dann konnte man auf dieses Regiment Isenburg stoßen, das älteste dieses Namens. Es gehörte Baiern, einem der Verbündeten Napoleons. Für den 29. Juni 1806 etwa hielten Zeitungen[11] die Verteilung der baierischen Truppen in Tirol fest und benannten auch den Generalmajor Justus Siebein, den Kommandanten des Regiments Isenburg, als in Innsbruck stationiert.

Im Herbst 1806 eröffnete man wenig überraschend den vierten Koalitionskrieg Frankreichs und seiner rheinbündischen west und süddeutschen Verbündeten gegen Preußen, Russland, England und Schweden. Die preußische Festung Plassenburg oberhalb Kulmbachs hielt dem Ansturm der napoleonischen und baierischen Truppen zwar länger Stand als manche andere preußischen Festungen. Am 25. November 1806 jedoch kapitulierte sie einsichtigerweise. Auf der Kapitulationsurkunde findet sich auch der Name des Grafen von Isenburg als Oberbefehlshaber der bairischen Truppen in Franken.[12] Sein Regiment Isenburg sorgte allerdings noch immer bei den Tirolern für Ruhe und Besonnenheit. Weitere Neuigkeiten

[9] *Kaiserlich und Kurpfalzbairisch privilegirte Allgemeine Zeitung*, Nro. 264, S. 1056, 21. September 1805.

[10] *Augsburgische Ordinari Postzeitung*, Nr. 16, 18. Januar 1806

[11] *Kaiserlich und Kurpfalzbairisch privilegirte Allgemeine Zeitung*, Nro. 191, S. 764, 10. Juli 1806. *Augsburgische Ordinari Postzeitung*, Nro. 165, 11. Juli 1806.

[12] *Gazette nationale, ou le moniteur universel*, No. 346, S. 1489, 12. Dezember 1806.

waren im Mai 1807 zu lesen. Aus München[13] wurde berichtet, "le régiment bavarois d'Isembourg" sei am 19. Mai aus Innsbruck kommend eingetroffen und heute, am 20. Mai, nach Bamberg abgerückt. Es werde sich nach Magdeburg begeben, "pour faire partie de l'armée d'observation". Zu bemerken ist, dass hier und jetzt, anders als früher, dem Regiment seine Zugehörigkeit zu Baiern beigeschrieben wird. Es gab mittlerweile nämlich, wie gleich zu zeigen, bereits andere Isenburg-Regimenter, von denen es zu unterscheiden war.

Das baierische Regiment Isenburg ging jedoch nicht nach Magdeburg, sondern über Leipzig nach Anklam an der Peene in Vorpommern. Der südlich der Peene gelegene Teil Anklams und auch Vorpommerns war preußisch, der nördliche schwedisch. Am 13. Juli 1806 wurden die Schweden angegriffen und vertrieben. Das Regiment Isenburg wurde bis nach Rügen verlegt. Im November zog es dann zurück nach Bamberg. Dieses Regiment war nie in Danzig oder auch nur in dessen Nähe. Aber es war immerhin bis auf eine Insel in der Ostsee vorgedrungen. Solch enge Nähe zu Danzig werden andere Isenburg-Regimenter nicht von sich berichten können.

Auch die weitere Geschichte dieses Regiments Isenburg verlief ohne erkennbare Verdienste um die Freiheit Polens. Im August 1808 war zu erfahren, dass das neunte "rég[iment] d'infanterie de ligne d'Isembourg" als Teil der 3. Baierischen Division mit ihrem Oberbefehlshaber Graf von Isenburg in der Nürnberger Gegend stationiert sei.[14] 1809 wurde es eingesetzt gegen den Tiroler Aufstand unter Andreas Hofer, der sich gegen die baierische Besatzung richtete. 1812 musste es mit der Grande Armée nach Russland richtung Moskau ziehen. Nur ein kümmerlicher Restbestand der Mannschaft konnte nach Bamberg zurückkehren. Das Regiment wurde dort neu formiert. Es nahm jetzt Teil am Kampf gegen Napoleon und zog 1814 in Paris ein. Am 21. November 1822 starb Regimentsinhaber Georg August Graf Isenburg und Büdingen. 1838 wurde es umbenannt in Regiment Wrede.

[13] *Gazette nationale, ou le moniteur universel*, No. 150, S. 587, 30. Mai 1807.
[14] *Journal politique de Mannheim*, Nro. 233, 22. August 1808.

2.2 Bewertung des Grades der Passung der Ereignisse dieses Regiments Isenburg zu den Quellen

Könnte es dieses Regiment Isenburg gewesen sein, in dem Jochmann kämpfen wollte, sei es für die Freiheit Polens, sei es, um militärische Erfahrungen zu erwerben?

Ein Abgleich mit den Anhaltspunkten, die Merkel vorbrachte, ergibt Folgendes. Dieses Regiment nahm tatsächlich am Feldzug 1806 gegen Preußen teil. Dies allerdings erst spät, so dass Merkel Vermutung, es könne an der Schlacht bei Jena beteiligt gewesen sein, nicht zutrifft. Auch gehörte dies Regiment nicht zur französischen, zu der es nach Merkel gehören müsste, sondern zur baierischen Armee. Allerdings war diese Armee mit der französischen verbündet. Dies Bündnis ergäbe, wenn es das gesuchte Regiment sein sollte, einen Punkt, der vage zutrifft, der Feldzug gegen Preußen einen anderen Punkt, der auch nicht ganz zutrifft, doch dagegen stünde die unzutreffende staatliche Zugehörigkeit und zudem eine Vermutung Merkels, die nicht zutrifft, nämlich die Beteiligung am Schlachtgeschehen bei Jena. Summiert entspräche das Ergebnis etwa der oben dargestellten großzügigen Fehlerquote in Merkels Bericht über Jochmanns Bildungsweg. Seine Darstellung spricht somit nicht für, aber auch nicht ausschlaggebend gegen die Annahme, hier liege das gesuchte Regiment vor.

Das Ergebnis eines Abgleichs mit Blums Darstellung sieht etwas anders aus. Blum sprach vom Vordringen nach Norden, und das trifft zu. Er sprach von einem französischen Regiment, nicht von einem baierischen, aber immerhin war es ohne Frage mit Frankreich alliiert. Er nannte einen Isenburg, allerdings einen Fürsten von Isenburg, nicht jedoch einen Grafen von Isenburg als Besitzer des Regiments. Er erwähnte eine Nachricht aus Danzig. Dorthin gelangte das baierische Regiment des Grafen von Isenburg nie. Das sind einige Punkte, die gegen die Annahme vorgebracht werden können, hier sei das gesuchte Regiment gefunden, auch wenn das weitere Umfeld zutrifft, nämlich die Feldzüge Napoleons im Norden des ehemaligen Reichs und über die ehemalige Reichsgrenze hinaus, letzteres jedoch erst 1812, also zu spät.

Es gibt zusätzliche Einwände gegen die Annahme, hier liege das gesuchte Regiment vor. Zwar lässt sich sagen, dieses baierische Regiment habe gegen die Mächte gekämpft, die Polen-Litauen unter sich aufgeteilt hatten, besonders gegen Österreich und Preußen sowie indirekt gegen deren Bundesgenossen Russland. Aber die Angehörigen dieses wie anderer baierischer Regimenter sollten baierische Landeskinder sein, wobei allerdings das in dieser Zeit übliche Hin und Her der Territorien zu Fehlern in der korrekten Einschätzung der Landeskindschaft führen konnte.

Dann spricht gegen die Annahme außerdem, dass im *Königlich-Baierischen Regierungsblatt* nahezu monatlich so genannte *Desertions-Tabellen* abgedruckt wurden, *Verzeichnisse der von den königlichen verschiedenen Regimentern meineidig entwichenen und in Listen abgeführten königlich-baierischen Landeskinder*, in denen die Regimenter und Bataillons, Namen der Deserteurs, Geburtsort, Gericht und Stand der Eltern für Jedermann zu lesen aufgeführt wurden. Jochmann ist dort nicht zu finden. Er hätte allerlei schwindelhafte Dokumente mit falschem Namen vorlegen müssen, um in baierische Dienste aufgenommen zu werden und aus ihnen später entweichen zu können.

Wie weit der Mangel an Übereinstimmung zwischen den drei Quellen und der Geschichte des gräflichen Regiments Isenburg als Ergebnis der Unschärfe der Quellen aufgefasst werden könnte, wie weit als tatsächlicher Widerspruch, ist schlecht auszumachen. Es empfiehlt sich, nach anderen Regimentern zu schauen, die nach einem der von oder zu Isenburg benannt wurden.

3.1 Ein anderes Regiment Isenburg

Das baierische Regiment war nicht das einzige Regiment, das nach einem Isenburger genannt wurde. Andere zeitgenössische Regimenter mit der Bezeichnung ‘Isenburg’ verdanken diese dem Fürsten Carl Friedrich Ludwig Moritz zu Isenburg[15] und Büdingen (1766–1820). Da Blum vom Regiment des *Fürsten* Isenburg, nicht des *Grafen* Isenburg spricht, scheint es ratsam, die Suche in dieser Richtung fortzusetzen.

Carl Fürst zu Isenburg und Büdingen war Sohn und Erbprinz des Duodezfürsten Wolfgang Ernst II. zu Isenburg und Büdingen (1735–1803). Carl wurde auf eine Militärschule geschickt und ging danach als Leutnant in ein kaiserliches, also österreichisches Infanterie-Regiment. Er nahm bis 1794 teil an verschiedenen Feldzügen. Dann heiratete er und unterließ das kriegerische Handwerk für eine Weile. Seinen opulenten Lebensstil soll er durch Schuldenmachen finanziert haben. Vermutlich deswegen ließ er sich

[15] In der frankophonen Literatur durchweg bezeichnet als Prince Charles Frédéric Louis Maurice d’Isembourg (Six 1934, 1. Bd., S. 587-588). Biographische Angaben zu ihm und zu seiner weitläufigen Verwandtschaft in Simon 1865, S. 344f.

1802 zum preußischen Generalmajor ernennen, diente aber nie in der preußischen Armee. Nach dem Tode seines Vaters wurde er regierender Fürst, oft genannt Fürst von Isenburg-Birstein. Er hatte ein simples und schweres Problem. Er regierte ein territoriales Schrumpfergebnis der vielen Erbteilungen des Hauses Isenburg. Sein winziges[16] Staatswesen, zu dem neben Büdingen auch Offenbach bei Frankfurt am Main gehörte, warf nicht viel ab. So verdingte er sich als nächstes zu einträglicheren als den preußischen, nämlich zu französischen Diensten.

Diese Thematik führt in das weite Feld der französischen Tradition der Fremdenlegionen, die auch unter Napoleon nicht eingestellt, sondern nahezu unüberschaubar ausgedehnt wurde.[17]

Unter den Bataillonen, Regimentern, Legionen und anderen Hilfstruppen Napoleons nahm eine Gruppierung eine besondere Stellung ein. Deren Regimenter wurden am 3. August 1811, also einige Jahre nach ihrer Formierung, umbenannt in die jetzt durchnummerierten *Regiments Impérials d'Infanterie Étrangers*[18] und verloren damit die davor üblichen Benennungen nach ihren jeweiligen Besitzern. Das geschah allerdings erst viele Jahre nach der Zeit, in die Jochmanns Abenteuer gefallen sein müssten.

Am 24. September 1804 hielt Napoleon auf dem Weg nach Baiern zu seinen dort stationierten Truppen in Mainz eine Audienz[19] für deutsche Duodenzfürsten, unter ihnen auch der Fürst zu Isenburg nebst zwei Söhnen. Was dort besprochen wurde, wird nicht berichtet. Aber eine baierische Zeitung hielt es für mitteilenswert, dass Carl Fürst zu Isenburg am 25. Oktober 1804 durch Nancy reiste, um in Paris an den Feiern der Krönung Napoleons zum self-made-Kaiser teilzunehmen.[20] Der 2. Dezember war für diese Krönungsfeierlichkeiten vorgesehen. Schon am 19. November wurde der Fürst Sr. Majestät[21] in Paris vorgestellt. Bei der Gelegenheit könnte dieser Generalmajor des derzeit neutralen Preußen, Fürst zu Isenburg, die

[16] Auf Landkarten der Zeit nimmt es meist so geringen Raum ein, dass er nur für I., nicht vor den vollen Namen reicht.

[17] Einen breiten Überblick über fremde Truppen in französischen Diensten gibt Fieffé 1854, für die Herrschaftszeit Napoleons Dempsey 2002.

[18] Fieffé 1860, S. 242f., 245; Hörmann 1861, S. 129.

[19] *Kaiserlich und Kurpfalzbairisch privilegirte Allgemeine Zeitung*, Nro. 283, S. 1129, 09. Oktober 1804.

[20] *Kurpfalzbaierische Münchner Staats-Zeitung*, Nr. 270, 14. November 1804, S. 1100.

[21] *Augsburgische Ordinari Postzeitung*, Nr. 286, 29. November 1804.

Ordre bekommen haben, für den neuen Kaiser ein Regiment aus unbeschäftigten Ausländern, zumal Deutschen, aufzubauen. Die offizielle Einrichtung des Regiments erfolgte nach entsprechender Anwerbung erst ein Jahr später. Jedenfalls wurde aus Paris bereits unter dem Datum 11. Dezember 1804 berichtet[22], der "Kaiser habe dem regierenden Fürsten von Isenburg ein Regiment in französischen Diensten angeboten, und dieser habe es angenommen". Ein baierisches Blatt[23] berichtete ebenfalls von des Kaisers Angebot, ergänzt aber, der Fürst habe "diese Nachricht für falsch und unbegründet" erklärt. Vermutlich wurde dies täuschende Dementi behauptet in der Annahme, solch eine Nachricht werde in deutschen Landen, zumal in Preußen, nicht eben mit Beifall aufgenommen.

Dass zu Isenburg Napoleons Angebot annahm, mag einen pekuniären Hintergrund gehabt haben. Nicht unwichtig war wohl auch ein weiteres Motiv. Der Fürst betrieb aus Furcht vor einer Mediatisierung seines schmächtigen Staatsgebildes die Einrichtung einer Fürstenunion der Reichsterritorien gleicher unbedeutender Größenordnung, trat als deren Sprecher auf und sicherte damit und durch das Wohlwollen Napoleons die Eigenständigkeit zumindest seines Territoriums immerhin bis zum Wiener Kongress, als es dann zwischen Kurhessen und Hessen-Darmstadt aufgeteilt wurde.

In das neue Jahr fiel der Bericht, dass Napoleon am 24. Februar 1805 zu Paris dem Isenburger eine Privataudienz[24] gewährt hatte. Das erwähnte Dementi wird auch dadurch motiviert gewesen sein, dass zu Isenburg, Sprecher der Fürstenunion und noch preußischer Offizier, nicht als Untergebener des französischen Herrschers gelten wollte.

Trotz Dementi wird ein solches Regiment eingerichtet werden. Um wahrzunehmen, dass dieses Isenburgische Regiment Teil eines größeren französischen Plans zur Nutzung deutscher Söldner war, muss auf den Befehl geschaut werden, mit dem das manche Jahre später so genannte erste *Régiment étranger*[25] offiziell begründet wurde. Zu Isenburg war an diesem Fremdenregiment nicht beteiligt. Napoleons Befehl Nr. 5349,

22 *Augsburgische Ordinari Postzeitung*, Nr. 304, 20. Dezember 1804.

23 *Kaiserlich und Kurpfalzbairisch privilegirte Allgemeine Zeitung*, Nro. 356, S. 1423, 21. Dezember 1804.

24 *Augsburgische Ordinari Postzeitung*, Nro. 55, 5. März 1805.

25 Smith (2000) gibt kurze Beschreibungen sämtlicher Truppen Napoleons, darunter auch der *Régiments d'Infanterie Étrangers* und *Bataillons Étrangers* sowie der polnischen Hilfstruppen, die, anders als das *Régiment Isembourg,* im Osten Europas eingesetzt wurden.

ausgegeben in Straßburg am 8 vendémiaire an XIV, also dem 30. September 1805, deklarierte:

> I. Il sera levé un régiment d'infanterie légère composé de trois bataillons. Il portera le nom de La Tour d'Auvergne.
> II. Le sieur Godefroy de La Tour d'Auvergne est nommé colonel-commandant de ce corps.
> III. Ce régiment aura la même organisation que l'infanterie légère de ligne. Le fond de son uniforme sera vert et sous tous les rapports conforme au modèle qui sera approuvé par le ministre directeur de l'administration de la guerre.
> IV. Aucun homme de la conscription ou faisant partie d'un corps de troupe ne sera admis dans ce régiment qui pourra recevoir des Allemands et autres étrangers.
> V. Ce régiment formera le 1er corps d'une légion qui sera incessamment organisée et portera le nom de Légion allemande.[26]

Es solle also ein Regiment aus drei Bataillonen unter der Führung des Godefroy Maurice Marie Joseph comte d'Apchier, Prince de La Tour d'Auvergne (1770–1837), nach dem Vorbild des Aufbaus der üblichen französischen leichten Infanterie eingerichtet werden. Die Soldaten sollten Deutsche oder andere Ausländer sein, keinesfalls Franzosen. Das neue Regiment solle Teil einer unverzüglich aufzubauenden Streitkraft sein, die den Namen 'Deutsche Legion' tragen werde.

Die komplette Legion blieb allerdings ein Wunschbild. Um eine ganze Legion einzurichten, bedarf es mehrerer Regimenter, und so folgte bald Napoleons zweiter Befehl zur Gründung eines weiteren Fremdenregiments, des später so genannten zweiten *Régiment étranger*. Napoleon war im Herbst 1805 gerade dabei, die Kräfte der dritten Koalition, besonders die österreichischen und russischen Heere, in Süddeutschland zu schlagen und dabei Mengen an Kriegsgefangenen zu ergreifen. Denen sollte mit begleitenden Maßnahmen wie erbärmlicher Hungerkost in Gefangenenlagern das Angebot gemacht werden, in Fremdenregimentern als Soldaten für Frankreich zu kämpfen, dort mit Speis und Trank versorgt zu werden, einen hübschen Sold zu beziehen und dabei in schmucken Uniformen aufzutreten.

[26] Chuquet 1912b, S. 33. Das Régiment La Tour d'Auvergne wurde 2006 als "association de reconstitution historique" zwecks Soldatenspielerei für kostümierfreudige Erwachsene auferweckt: http://1etranger.e-monsite.com/pages/l-association.html.

Im Herbst 1805 wurde wieder von Reisen des Fürsten zu Isenburg berichtet, so sei er nach einem Bericht[27] vom 12. Oktober "durch Heidelberg in das Französische Hauptquartier gereiset". Eine Lustreise wird das nicht gewesen sein. Am 20. Oktober erreichte er München in Begleitung seines Ministers und Problemlösers, Geheimrat Wolfgang v. Goldner.[28] Dort befand sich damals das Französische Hauptquartier,[29] und dort wird er auf einen neuen Befehl Napoleons vorbereitet worden sein. Dessen Befehl Nr. 5356 wurde in Braunau am Inn am 10 brumaire an XIV, dem 1. November 1805, erlassen, und hiermit kam jetzt der Fürst zu Isenburg alias prince d'Isembourg in das Spiel:

> I. Il y aura un régiment d'infanterie légère portant le nom de régiment d'Isembourg. Le prince régnant d'Isembourg en sera colonel.
>
> II. La formation du régiment d'Isembourg sera la même que celle des régiments français d'infanterie légère.
>
> III. Ce régiment aura les mêmes masses que ceux d'infanterie légère français, il aura de plus une masse de recrutement.
>
> IV. Ce régiment sera uniquement formé d'Allemands, de Polonais, de Russes et autres étrangers. Il ne pourra avoir aucun soldat, ni sujet français.
>
> V. La présentation directe des officiers sera faite par le Prince d'Isembourg au ministre de la guerre.
>
> VI. L'uniforme du régiment d'Isembourg aura la même coupe que celle des régiments français. La couleur sera bleu céleste avec collet jaune, passepoil et boutons blancs, doublure bleu céleste.
>
> VII. La formation du régiment d'Isembourg aura lieu à Mayence.[30]

Dieser Befehl ist zwar etwas ausführlicher als derjenige für das Regiment La Tour d'Auvergne, in seiner Struktur jedoch analog. Wieder erhält das Regiment den Namens seines Obersten als *Régiment d'Isembourg*, wieder sollten die Soldaten Deutsche oder andere Ausländer sein, etwa Polen oder Russen. Es werden Kassen ('masses') gleichen Umfangs wie bei der französischen leichten Infanterie zur Verfügung gestellt, zudem eine Sonderkasse für Rekrutierungszwecke. Dazu werden Schnitt und Farben

[27] *Staats- und Gelehrte Zeitung des Hamburgischen unpartheyischen Correspondenten*, Nr. 167, 18. Oktober 1805.

[28] *Kurpfalzbaierische Staatszeitung von München*, Num. 255, S. 1042, 29. Oktober 1805.

[29] *Staats- und Gelehrte Zeitung des Hamburgischen unpartheyischen Correspondenten*, Nro. 180, 9. November 1805.

[30] Chuquet 1912b, S. 36.

der Uniformen bestimmt, himmelblau, gold und weiß, und es wird der Ort der Formierung des Regiments angegeben, das damals zu Frankreich gehörende Mainz.

Beide Regimenter, das La Tour d'Auvergne'sche und das Isenburgische, werden hauptsächlich mit freiwilligen Kriegsgefangenen bestückt, denen auch hier die einfache Entscheidung zwischen Gefangenschaft mit schmaler Kost oder Söldnerschaft mit zufriedenstellender Verpflegung, prächtiger Uniform und Sold in Höhe der französischen Soldaten vorgegeben wird. Zumal letzterer verlockte außer Kriegsgefangenen auch andere, insbesondere fragwürdige Subjekte in nennenswerter Zahl.

Die Formationsbefehle Napoléons gelten als die Geburtstunde der Regimenter. Aber es gingen Vorbereitungen und besonders Rekrutierungswerbungen dem voraus. Plötzlich war der ein Jahr zuvor noch dementierte Sachverhalt offiziell und wurde als Nachricht berichtet. Die meistgelesene Pariser Zeitung, das *Journal de l'Empire*, berichtete eine Neuigkeit eines Frankfurter Korrespondenten:

> Francfort, 17 novembre [1805].
> Le prince d'Isembourg et son conseiller intime, M. Goldner, se trouvent actuellement au quartier-général impérial français, pour y régler l'organisation définitive des régimens que le prince lève pour le service de la France.[31]

Um die endgültige Organisation des Regiments Isenburg zu besprechen, hielten sich Fürst zu Isenburg und sein Minister, Finanzchef und -berater Goldner im Kaiserlich französischen Hauptquartier auf, das sich wohl in Richtung Austerlitz bewegte. In Frankfurt mag das mit Interesse registriert worden sein, denn zu Isenburg, bekannt für ständige Geldnöte, war vermutlich durch seine Dienste für einen neuen Herrn bei Frankfurter Banken wieder kreditwürdig. Die für anstehende Regimentswerbung, Versorgung und Ausrüstung erforderlichen Mittel mag er sich hier besorgt haben.

Auch die deutsche Presse nahm sich des Falles an:

> Man liest in einem Frankfurter Blatte, daß Se. Majestät der Kaiser und König Napoleon, dem regierenden Fürsten zu Isenburg, die Errichtung eines Regiments Infanterie in jener Masse, wie der gleichen vor der Revolution in Frankreich von

[31] *Journal de l'Empire*, 23 novembre 1805 (unpaginiert).

> mehrern deutschen Reichsfürsten geschehen ist, durch eine kaiserl. Entschliessung vom 1. Nov. zu übertragen geruht haben.[32]

Genauer wird darüber am 23. November 1805 im neutralen Norddeutschland berichtet:

> Der regierende Fürst von Isenburg-Birstein ist aus dem Hauptquartier des Kaysers Napoleon in sein Land zurückgekehrt. Die Capitulation, die am 1sten November mit ihm abgeschlossen wurde, und nach welcher er ein Regiment für den französischen Dienst errichtet, weicht nur in wenigen Puncten von denen ab, welche einst die Fürsten von Salm, Zweybrücken, Nassau etc. hatten. Das Regiment wird 2000 Mann stark seyn. Der Fürst quitirt den Preußischen Generals-Character. Man sagt, er werde auch französischer Divisionsgeneral werden.[33]

Bald darauf berichtete das *Journal de l'Empire* unter dem Datum 6. Dezember 1805 aus Frankfurt, dass Isenburgs im Dienste Frankreichs stehendes Regiment die Bezeichnung *"Régiment impérial d'Ysembourg"* tragen werde.[34]

Eingeflochten sei eine Meldung vom 20. Oktober 1805 aus Heidelberg, der Stätte, die Jochmann im nächsten Semester zu seinem Studienort erwählte:

> Die hiesige Universität genießt, mitten unter den Stürmen des Krieges im Süden und den Zurüstungen im Norden von Deutschland, des Glücks einer ungestörten Ruhe. Die neuberufenen academischen Lehrer (unter andern für das Rechtsfach: Thibaut und Martin; für die Geschichte: Wilken; für die Naturwissenschaft: Kästner) sind bereits sämtlich hier eingetroffen, und werden in kurzem ihren Lehr-Cursus eröffnen. Die Anzahl der Studirenden vermehrt sich täglich, hauptsächlich aus dem nördlichen Deutschland, Rußland etc.[35]

Es ist leicht vorzustellen, dass diese erfreuliche Nachricht, die gewiss auch in anderen Zeitungen gebracht wurde, den Leipziger Studenten der Rechte

[32] *Kaiserlich und Kurpfalzbairisch privilegirte Allgemeine Zeitung*, Nro. 324, S. 1281, 20. November 1805. So ähnlich in: *Kurpfalzbaierische Staatszeitung von München*, Num. 278, S. 1147, 22. November 1822.

[33] *Staats- und Gelehrte Zeitung des Hamburgischen unpartheyischen Correspondenten*, Num. 188, 23. November 1805.

[34] *Journal de l'Empire*, 13 décembre 1805.

[35] *Staats- und Gelehrte Zeitung des Hamburgischen unpartheyischen Correspondenten*, Num. 182, 13. November 1805.

Jochmann inspirierte, zum nächsten Semester nach Heidelberg in Baden zu wechseln, einem Staat, den zwar napoleonische Truppen durchquerten, in dem aber, anders als in Sachsen, zunächst keine kriegerischen Auseinandersetzungen zu befürchten waren. Doch offensichtlich konnte er dort "des Glücks einer ungestörten Ruhe" nicht recht genießen.

Die erwähnten Zurüstungen im Norden von Deutschland beziehen sich auf die Kriegsvorbereitungen Preußens, das beabsichtigte, der dritten Koalition gegen Napoleon sich anzuschließen, nach Erhalt der Nachricht über Austerlitz jedoch erschrocken davon Abstand nahm und erst ein Jahr später, 1806, sich entschloss, es in der vierten Koalition mit Napoleon aufzunehmen und bei Jena und Auerstedt den unerwarteten Gnadenstoß zu erhalten.

Doch weiter über zu Isenburg. Das *Journal de l'Empire* meldete im Januar 1806 aus Frankfurt weiteres zu seinem Regiment:

> Le prince d'Isembourg est depuis quelque temps à Mayence, ou il s'occupe de tout ce qui est relatif à l'organisation du régiment qu'il lève et qui sera au service de la France. Il y a déjà environs 700 hommes rassemblés. Ce corps, dont le prince d'Isembourg sera *colonel propriétaire*, aura pour garnison la ville Toul.[36]

Der Fürst halte sich in Mainz auf, befasse sich mit der Organisation des Regiments, für das sich bereits 700 Mannen eingefunden hätten, werde Oberst und Eigentümer des Regiments, und als Garnisonsstadt sei Toul vorgesehen. Mainz war von Napoleon bestimmt als Ort der Formation des Regiments, formierte Abteilungen sollten sich dann in Lothringen einstellen. Toul an der Mosel war 1552 von Frankreich erworben und zu einer Festung ausgebaut worden, in der zahlreiche Kasernen errichtet waren und bei anderweitiger Beschäftigung französischer Truppen in Mitteleuropa zur Verfügung für das neue Regiment standen.

Das Regiment Isenburg verblieb nicht lang in Mainz. Am 9. Januar 1806 setzte es sich nach Toul in Bewegung. So jedenfalls eine Meldung aus Nancy vom 31. Januar.[37]

Am 20. Januar 1806 erwartete man in Straßburg den neuen französischen Kaiser. Unter den Wartenden befand sich selbstverständlich auch "der Prinz von Isenburg, Eigenthümer und Kommandant des neuen deutschen Regiments, (das, sobald es völlig gebildet ist, nach Toul verlegt werden

[36] *Journal de l'Empire*, 14 janvier 1806.

[37] *Journal politique de Mannheim*, Nro. 37, 6 fevrier 1806.

soll)".[38] Kaiser und Kaiserin erschienen am 25., und das Fest war "ungemein glänzend".[39] Aus Straßburg wurde am 23. Januar gemeldet, dass der Fürst zu Isenburg sich seit einigen Tagen dort aufhalte, dass sein Regiment schon 900 bis 1000 Mann umfasse und dass Gerüchte besagten, er werde von hier nach Toul ziehen.[40]

Mit den im *Journal* genannten 700 oder den hier genannten 900 bis 1000 Mannen ließen sich etwa vier bis fünf Kompanien aufstellen, was nicht für ein ganzes Bataillon, geschweige denn für ein Regiment reichte. Isenburg musste weiterhin die Werbetrommeln rühren. Das erleichterte ihm ein Beschluss Napoleons. Der verfügte jetzt nach Austerlitz über Mengen österreichischer Kriegsgefangener, Österreich nur über 400 französische. Ein Austausch bei so ungleichen Proportionen war nicht sinnvoll, doch der Unterhalt der Gefangenen kostete Geld. Napoleon ließ daher die meisten in Frankreich untergebrachten Gefangenen mit Gendarmeriebegleitung an den Rhein, die damalige Staatsgrenze, führen und dann einfach davonlaufen. Dem Kriegsministerium verfügte[41] er am 5. Februar 1806, den Obersten zu Isenbourg et de La Tour d'Auvergne diese Maßnahme mitzuteilen und sie aufzufordern, in möglichst großer Zahl aus diesen Gefangenen zu rekrutieren. Ende März sah die Personalstärke beim Regiment Isenburg daher schon besser aus. Das *Journal* vermeldete 2.600 Mannen.[42] Das reichte noch nicht ganz für komplette drei Bataillonen, aber man konnte daraus mit etwas Phantasie gerade ein Regiment mit kleinen Lücken zusammenstellen.

Am 12. Februar 1806 beantwortete Napoleon die ihm vorgelegten Fragen, ob die beiden Regimenter La Tour d'Auvergne und Isenburg autorisiert seien, unter den Kriegsgefangenen der Großen Armee zu werben, und ob sie auch Russen einstellen dürfen. Napoleon antwortete einsilbig mit einem: oui.[43] Jochmann war zwar kein Kriegsgefangener, aber auch für ihn als russischen Untertan galt Napoleons Wort. Er durfte aufgenommen werden, wenn er denn verfügbar war.

[38] *Kaiserlich und Königlich baierische privilegirte Allgemeine Zeitung*, Nro. 26, S. 102; 26. Januar 1806.

[39] *Kaiserlich und Königlich baierische privilegirte Allgemeine Zeitung,* Nro. 31, S. 122; 31. Januar 1806.

[40] *Journal politique de Mannheim*, Nro. 26, 26 janvier 1806.

[41] Schreiben an das Kriegsministerium, Nr. 9756; in *Correspondance de Napoléon Ier*, Bd. 12. Paris: Imprimerie Impériale. S. 12f.

[42] *Journal de l'Empire*, 31 mars 1806.

[43] Chuquet 1912a, S. 96; Befehl Nro. 3344.

Am 2. März 1806 spielte sich eine üble Szene in Nancy ab. Die in dem nicht besonders abwechslungsreichen Toul kasernierten Offiziere und Soldaten begaben sich gern nach der etwa 20 km entfernten lothringischen Hauptstadt Nancy, die weit mehr und lustigere Amüsements zu bieten hatte. Am 10. März kam dieser Bericht über Angehörige des Regiments Isenburg zustande:

> Nancy, den 10ten März
> Gestern wurde über den Anstifter einer aufrührischen Handlung Kriegsrath gehalten. Am 2ten März sahen einige Offiziere vom Regiment Isenburg, das zu Toul in Garnison liegt, ein gesetzwidriges Zusammenrotten von einigen 30 Bewaffneten. Die Offiziere befahlen ihnen, die Waffen niederzulegen und sich ins Gefängniß zu begeben. Der Anführer der Rebellen weigerte sich zu gehorchen, wendete sich zu denen, die er kommandirte, und sprach sie Russisch an. Die Offiziere ließen diesen nun mit Gewalt ergreifen und ins Gefängniß führen. Die übrigen Soldaten legten hierauf ihre Waffen nieder und zogen sich zurück. Dieser Anführer Nahmens J o s e p h G r o s s e h o f, ein gebohrner Russe und Sergentmajor beim Regiment Isenburg, wurde von dem Kriegsrathe zum Tode verurtheilt.[44]

Offensichtlich gab es unruhige Gemüter in dem Regiment, gleichfalls auch drakonische Urteile für Fehlverhalten. Über den betroffenen, in Russland geborenen und, wie es in der Französischen Version dieser Nachricht ausdrücklich heißt, Träger eines deutschen Namens ist nichts weiter bekannt.

Es hatte sich herumgesprochen und wurde missbilligt, dass zu Isenburgs Art, Offiziere einzusetzen, etwas regelwidrig war und er dabei auf deren militärische Erfahrung keinerlei Wert legte. Er erbat wegen etlicher Beschwerden die Genehmigung, nach Paris zu reisen, um seine beanstandete Auswahlmethode oder das Fehlen einer solchen zu erläutern. Napoleon genehmigte[45] die Reise am 12. März 1806.

Blum hatte angegeben, Jochmann sei in seinem Regiment ein Lieutenant geworden. Das klang unglaubwürdig, da ihm jede militärische Erfahrung abging. Bei den verworrenen Zuständen in diesem französischen Regiment Isenburg wäre eine solche Ernennung allerdings keineswegs ungewöhnlich.

[44] Französisch im *Journal politique de Mannheim*, Nro. 87, 28 mars 1806; hier zitiert aus *Königlich-Baierische Staats-Zeitung von München*, 7. Jg., Nr. 78, 1. April 1806, S. 323.

[45] Chuquet 1912a, S. 99; Befehl Nro. 3359.

Jochmann studierte immerhin, doch es mag auch sein, dass er das nicht hatte bekannt werden lassen.

Am Sonntag, 27. April 1806, wurde nach der Messe eine Kaiserliche Audienz im Palast von Saint-Cloud abgehalten. Mehrere Personen legten einen Eid auf Napoleon ab, darunter "le prince d'Ysembourg, en qualité de colonel d'un régiment de son nom".[46] Das Regiment ist somit aufgestellt. Oberst zu Isenburg und sein Regiment konnten eingesetzt werden. Es ist aber anzunehmen, dass dies Regiment noch lange nicht die übliche und erwünschte Mannschaftsstärke erreicht hatte und daher weiterhin angeworben und aufgenommen wurde.

Zwei Wochen nach der Audienz, am Sonntag[47], 11. Mai 1806, immatrikulierte sich Carl Gustav Jochmann an der Universität Heidelberg. Es bleibt zu fragen, was Jochmann mit diesem jetzt in Toul und folglich weit weg von Heidelberg, erst recht von Polen, stationierten Regiment hätte zu tun haben können. Dazu müssen einige Punkte geklärt werden.

3.2 Ein Regiment und seine Bestandteile

Zu Isenburg hatte seine Aufgabe offensichtlich nicht ganz zur Zufriedenheit seines Dienstherren erledigt. Am 14. Mai 1806 erbat zu Isenburg eine Entschädigung für 1.800 Soldatenröcke, die er hatte anfertigen lassen. Napoleon lehnte ab.[48] Am 17. Mai dekretierte er als preisgünstigen Trost zu Isenburg zum Mitglied der Ehren-Legion.[49] Die Zahl der Soldatenröcke reichte übrigens für etwa neun Kompanien, etwa ein und ein halbes Bataillon. Vermutlich waren auch etliche Röcke auf Vorrat genäht worden, so dass weitere Rekrutierungstätigkeiten betrieben werden konnten.

Teile des Regiments waren anscheinend im Mai 1806 bereits im Einsatz. Aus Rom wurde am 18. Mai berichtet, durchgezogen nach Gaeta sei am

[46] *Journal de l'Empire*, 29 avril 1806.

[47] Dass man sich in Heidelberg am Sonntag immatrikulieren konnte, klingt heute etwas seltsam, war jedoch damals gängig. Am Sonntag der Vereidigung zu Isenburgs beispielsweise konnten sich in Heidelberg achtundzwanzig neue Studenten einschreiben (Toepke 1903, S. 395-397).

[48] Chuquet 1912a, S. 114.

[49] *Gazette nationale, ou le moniteur universel*, No. 141, S. 697, 21 mai 1806: "Par décret rendu à Saint-Cloud, le 17 mai 1806, S. M. a nommé membre de la Légion d'honneur, le prince Charles d'Isembourg, colonel du régiment de son nom". Auch: *Journal de l'Empire,* 22 mai 1806.

vorigen Mittwoch, also am 14. Mai, "das Regiment Isenburg, ... alles Deutsche und ein deutscher Prinz ihr Obrist"[50]. Da es sich um einen Prinzen, nicht um einen Grafen handelt, kann es kaum das baierische Regiment Isenburg aus Tirol gewesen sein. Die Meldung aus Rom erschien allerdings bald als verbesserungswürdig:

> Die Nachricht, das kaiserl. franz. Regiment Isenburg sey durch Rom passirt, um nach Gaeta zu gehen, es bestehe aus lauter Deutschen, und ein deutscher Prinz sey ihr Obrist, etc., muß auf folgende Art berichtigt werden: Gedachtes Regiment wurde anfänglich in Mainz errichtet, und bestand aus angeworbenen Deutschen und Russen, österreichischen und russischen Kriegsgefangenen von verschiedenen Völkerschaften, die darin Dienst nahmen. Um der einreissenden Desertion Einhalt zu thun, wurde das Regiment von der franz. Grenze [also von Mainz] nach Toul verlegt, und zu 3 Bataillons completirt. Von hier aus hat di[e]s Regiment den geraden Marsch nach Avignon, als seiner bestimmten Garnison, angetreten, ohne für jezt eine andere Bestimmung zu haben. Der regierende Fürst von Isenburg, als Chef und Obrist dieses Regiments, ist von Paris nach Toul gereist, und verfolgt von dort aus den weiteren Marsch bis Avignon.[51]

Diese angebliche Korrektur des Berichts, nach der das Regiment Isenburg in der Provence sich aufhalte, folglich nicht durch Rom marschiert sei, ist so irreführend wie der verbesserungswürdige Bericht. Beide erzählen nicht die ganze Geschichte. Denn Johann Konrad Friederich, ein Angehöriger dieses fürstlichen Regiments Isenburg, berichtete in seinem autobiographischen Werk, "wir" seien im April 1806 aus Genua abgerückt, dann nach Rom und von dort weiter zur Teilnahme an der Belagerung der Festung Gaeta im Königreich Neapel gezogen, das die französische Armee im Februar 1806 besetzt hatte. Tatsächlich wird aus seiner weiteren Darstellung klar, er meinte mit "wir" nicht das Regiment, sondern nur das erste Bataillon des Regiments, dem er selbst angehörte (Friederich 1848, S. 405). Das heißt aber, die erste Nachricht der *Allgemeinen Zeitung über den Durchzug durch Rom* hätte dem entsprochen, was Friederich niederschrieb, hätte es statt 'Regiment' einfach 'Bataillon' geheißen. Weiteres zu diesem Augenzeugen und Autor weiter unten.

[50] *Kaiserlich und Königlich baierische privilegirte Allgemeine Zeitung*, Nro. 151, S. 603, 31. Mai 1806.

[51] *Kaiserlich und Königlich baierische privilegirte Allgemeine Zeitung*, Nro. 184, S. 734, 3. Juli 1806.

Das Problem der Berichterstattung liegt anscheinend darin, dass nicht immer zwischen Regiment und seinen Einzelteilen, den Bataillonen und Kompanien, unterschieden wird. Dieses Problem, dem sich die Fachliteratur anscheinend noch nicht in genügendem Maße gestellt hat, begegnet, wenn es bei Friederich (1848, S. 458) etwa bei seinem Aufenthalt in Neapel heißt, das zweite Bataillon sei "unterdessen auch angekommen, während das dritte noch in Genua verblieb". Dieses sei dann "zum Theil nach Castel del mare detaschirt." Die Regimentsteile können also geographisch verteilt sein, ohne dass der berichterstattende Betrachter einfach wahrnehmen kann, ob er das ganze Regiment oder nur Teile vor Augen hat.

Im Juni 1806 wurde von einem "Bataillon des Regiments Isenburg" berichtet[52], das am 30. Mai in Lyon eintraf und sich dann nach Avignon aufmachte. Woraus geschlossen werden darf, dass bei Gaeta ein anderes Bataillon desselben Regiments Isenburg stand, nämlich das erste. Dies Problem der zeitgenössischen Berichterstattung aufzuklären, ist für unsere Frage nicht zentral. Es sei nur nahegelegt, aus den Gazetten übernommene unsichere Bezeichnungen mit Nachsicht entgegenzunehmen.

Am 3. Juli 1806[53], nach anderen[54] am 14. Juli, wurde dem Regiment Isenburg befohlen, sich von seinem Aufenthaltsort Avignon nach Montpellier umzuquartieren. Polen liegt offensichtlich in der entgegengesetzten Himmelsrichtung. Die spärlichen Informationen, die über dieses Regiment oder über die Teile desselben in deutschen oder französischen Zeitschriften zu finden sind, könnten niemanden veranlassen, um der Freiheit Polens willen sich ihm anzuschließen. Allerdings ist die Geschichte noch nicht abgemacht. Doch darf zumindest geschlossen werden, dass Jochmann bisher, also im Verlauf des Sommers 1806, noch nicht mit dem Gedanke einer Aufnahme in dieses Regiment zum Einsatz für Polens Freiheit gespielt haben kann.

3.3 Napoleon reist ostwärts

Verschiedene kleinere Zwischenfälle, Missverständnisse und Befürchtungen gaben Preußen den Anstoß zu einer Mobilmachung am 9. August

[52] *Kaiserlich und Königlich baierische privilegirte Allgemeine Zeitung*, Nro. 166, S. 662, 15. Juni 1806.

[53] *Journal politique de Mannheim*, Nro. 195, 16 Juillet 1806, unpaginiert.

[54] *Journal de l'Empire*, 15 juillet 1806.

1806. Die Lage in Europa eskalierte. Im September 1806 geschahen manche Dinge, mit denen nicht jedermann gerechnet hatte. Am 21. September 1806 schrieb Napoleon einen Brief an den "Bruder" genannten König von Baiern:

> Monsieur mon frère,
> Il y a plus d'un mois que la Prusse arme, et il est connu de tout le monde qu'elle arme contre la France et contre la confédération du Rhin. Nous cherchons les motifs sans pouvoir les pénétrer. ...
> Les armemens de la Prusse sont-ils les résultats d'une coalition avec la Russie, ou seulement des intrigues des diffens partis qui existent à Berlin, et de l'irréflexion du cabinet?[55]

Napoleon begreife das preußische Verhalten nicht, doch er berichtete dem brüderlichen Baiern, Frankreich werde zur Verteidigung der gemeinsamen Interessen Frankreichs und des im Sommer 1806 gegründeten Rheinbundes, dessen Schutzherr oder Bundesprotektor er ist, 300.000 Mann heranführen. Baiern möge sich gefälligst angemessen auf den Verteidigungsfall einstellen, usf.

Am 24. 1806 September verließ Napoleon Paris, um sich zu seinen Truppen auf deutschem Boden zu begeben. Das *Journal de l'Empire*[56] verbreitete die Nachricht, dass zu Isenburg am 25. September Montpellier verlassen habe, um sich nach Mainz zu begeben, während sein Regiment weiterhin in Montpellier verblieben sei. Zu Isenburg verringerte somit seine persönliche Entfernung von Polen um ein Stück, doch was hier "sein Regiment" heißt, verharrte teils im Languedoc nicht weit vom Mittelmeer, während andere Teile laut Friederich sich auf der Südspitze Italiens mit Räuberbanden herumschlugen.

Preußen hielt es für nötig, Napoleon ein etwas albernes Ultimatum zu stellen und damit indirekt den Krieg zu erklären. Es verlangte am 26. September 1806, dass Napoleon seine Truppen auf das linke Ufer des Rheins zurückziehe.

Am 28. September 1806 zwischen 1 und 2 Uhr erreichte Napoleon Mainz. Einwohner der Stadt bereiteten ihrem Herrscher, dem Kaiser und König, sowie der Kaiserin und Königin einen angeblich mit äußerst lebhafter Fröhlichkeit erfüllten Empfang. In Kastell auf dem rechten Rheinufer besichtigte er demonstrativ die Befestigungen und befahl

[55] *Journal politique de Mannheim*, Nro. 273, 2 octobre 1806
[56] *Journal de l'Empire*, 4 octobre 1806.

Veränderungen.[57] Nicht von Fröhlichkeit, nur von der Neugier der Zuschauer berichtete der *Mercure de France*:

> Mayence, 28 septembre. L'arrivée de LL. MM. II. et RR[58]. a été un jour de fête pour les habitans de cette ville et des environs. On savoit qu'elles devoient être ici dans la journée, et une foule de curieux de tout rang s'étoit portée au-devant d'elles.[59]

Preußen wiederholte am 1. Oktober 1806 sein Ultimatum. Am 7. Oktober erhielt der wenig überraschte Napoleon dieses Ultimatum, am 8. marschierten seine Truppen in Sachsen ein, das erzwungenermaßen auf Preußens Seite stand, am 10. gewann er die Schlacht von Saalfeld und am 14. zerschlug er die ehedem stolze Armee Preußens bei Jena und Auerstedt. Nach weiteren Siegen zog Napoleon am 27. Oktober in Berlin ein. Das war allerdings noch nicht das Ende des Krieges. Preußische Festungen wie etwa Danzig ergaben sich nicht unverzüglich, denn man wartete auf den russischen Koalitionär, der erneut nur sehr schwunglos mobilisiert hatte.

Das *Journal de l'Empire* verbreitete die Nachricht, dass zu Isenburg am 20. Oktober 1806, von seinem Regiment in Montpellier kommend, in Frankfurt eingetroffen und am selben Abend weiter Richtung kaiserlichem Hauptquartier gereist sei. Man nehme an, so das *Journal*[60] erläuternd, er solle einen Teil der Armee der Fürsten des Rheinbundes kommandieren. Gemeint sind damit wohlgemerkt nicht etwa sein eigenes französisches Regiment, sondern die Truppenkontingente, welche die Rheinbundstaaten einschließlich seines Fürstentums Isenburg im Kriegsfall zu stellen vertraglich sich verpflichtet hatten. Es ist aber nicht bekannt, dass zu Isenburg eine solche Aufgabe erteilt wurde.

Im November berichtete das *Journal*[61] weiter, zu Isenburg sei am 31. Oktober 1806 in Berlin eingetroffen und habe neben Napoleon sitzend oder stehend der Siegesparade am 2. November beigewohnt.

[57] *Journal politique de Mannheim*, Nro. 274, 3 october 1806

[58] "Leurs Majestés Impériales et Royales", also Napoleon und Gattin, damals noch Joséphine de Beauharnais.

[59] *Mercure de France, littéraire et politique*, v. 26. No. 272, Oct. 4, 1806.

[60] *Journal de l'Empire*, 26 octobre 1806.

[61] *Journal de l'Empire*, 12 novembre 1806.

Nach Berichten aus Danzig[62] vom 31. Oktober 1806 war diese Stadt noch nicht eingenommen, sondern Fluchtziel vieler Berliner und Stettiner sowie des preußischen Kronprinzen und einiger Prinzessinnen. Ein Soldat in französischen Diensten wird dort keinen Zutritt erhalten haben.

Da Russland ein Verbündeter Preußens war, befahl Napoleon, auch in die östlichen Gebiete Preußens, darunter die in den polnischen Teilungen erworbenen, zu denen auch Warschau gehörte, vorzurücken und russische Angriffe abzufangen.

Am 6. November 1806 wurde in Posen ein polnischer Aufstand gegen die preußische Verwaltung inszeniert. Die *Allgemeine Zeitung* berichtete über eine Erklärung der Aufständischen, die mit den pompösen Worten beginnt:

> Die dem wiederhergestellten Polen gewordene zuverlässige Versicherung: daß nach dem Willen unsers Erlösers, des unüberwindlichen N a p o l e o n s, die Macht der Nation vereinigt werden soll, und daß ... [63]

Wenn denn zutrifft, dass Jochmann für die Freiheit Polens streiten wollte, dann musste er sich jetzt Gedanken machen, dass sein Einsatz wohl etwas spät komme – oder man sollte annehmen, dass Jochmann bereits bei einer Napoleon, dem *Libérateur* oder gar *Sauveur* der Polen, gehorchenden Truppe im Einsatz sei? Welche das gewesen sein könnte, ist verwickelt. Das baierische Regiment Isenburg stand in Tirol, das französische Regiment Isenburg im Languedoc und in Calabrien.

3.4 Auffrischung der Werbung für das Regiment Isenburg

In Mainz allerdings wurde weiterhin angeheuert und für dies Regiment Isenburg geworben. Da jetzt der zeitliche Abschnitt gekommen ist, in dem Jochmanns Gedanken an einen Einsatz für Polen virulent gewesen sein müssten, wenn es sie denn gegeben hat, ist es unumgänglich zu zeigen, dass das Regiment Isenburg zwar weit entfernt von Polen stand, dass aber rechts des Rheines erneut dafür geworben wurde.

[62] *Kaiserl. östreichische und Königl. bairische privilegirte Allgemeine Zeitung*, Nr. 322, S. 1288, 18. November 1806.

[63] *Kaiserl. östreichische und Königl. baierische privilegirte Allgemeine Zeitung*, Nro. 342, 8. Dezember 1806.

Das belegt ein überlieferter eigenartiger Briefwechsel zwischen dem Baron Theobald Jakob Justinus v. Bacher (1748–1813), einem französischer Diplomaten Elsässer Abstammung, und den angeschriebenen Ministern des Herzogtums Nassau. Bacher, der mit verschiedenen diplomatischen und nachrichtendienstlichen Missionen erst im Heiligen Römischen Reich, dann auch im Rheinbund beauftragt wurde, verfasste als französischer Geschäftsträger beim Rheinbund in Frankfurt am Main am 15. September 1806 ein anakoluthisch eröffnendes Schreiben[64] an einen dieser Minister:

> Monsieur le Président.
>
> J'ai le honneur de vous prévenir que les Régimens de la Tour d'Auvergne et d'Isenbourg au service de france ayant été formés et complétés à leur formation par des étrangers, l'intention de Sa Majesté Impériale et Royale est de les faire recruter à l'avenir parmi les sujets des Etats de la Confédération de Rhin, et que celui d'Isenbourg puisse jouir de cet avantage dans les Etats de Hesse-Darmstadt, du Prince Primas, de Nassau et d'Isenbourg. Je viens en conséquence d'être chargé, Monsieur le Président, par Sa Majesté l'Empereur et Roi de demander à la Cour de Nassau l'autorisation nécessaire à cet effet.
>
> Je dois en même tems vous observer, Monsieur le Président, que ces deux Régimens sont actuellement au complet et que le recrutement ne devra avoir lieu que pour les y maintenir et qu'il ne leur faudra par conséquent au commencement qu'un petit nombre d'hommes.
>
> J'ai l'honneur d'être avec la considération la plus distinguée, Monsieur le Président, Votre tres humble tres obéissant serviteur.
>
> Bacher
>
> Chargé d'affaires de S. M. Imp.^{le} et Roy.^{e} à francfort.

Bacher verkündete also, dass zwar die beiden Regimenter de la Tour d'Auvergne und Isenburg komplettiert seien, Napoleon dennoch wünsche, dass diese Regimenter in den Staaten des Rheinbundes Rekrutenwerbung unternehmen dürften, und zwar das Regiment Isenburg besonders im Großherzogtum Hessen-Darmstadt, im Territorium des Fürstprimas, einem aus Frankfurt und östlicher gelegenen, ehemals geistlichen Territorien zusammengeflickten Staatswesen, im Herzogtum Nassau und sogar im Fürstentum Isenburg. Bacher suchte also um die entsprechende Nassauer Genehmigung an und versuchte, dies Ansinnen als unbedeutend darzustellen, da ja diese Regimenter bereits vollzählig seien und daher nur

64 Der Briefwechsel befindet sich in Wiesbaden im Hessischen Hauptstaatsarchiv unter: Ansinnen des französischen Chargé d'affaires Bacher, dem Regiment Isenburg Werbungen im Herzogtum zu gestatten; 210 / 4438.

wenige Mannen zur Bestandserhaltung gebraucht würden. Dahinter steht das an dieser Stelle nicht angesprochene Thema der Desertion, die in diesen Fremdregimentern verbreitet war und ständig Personallücken erzeugte.

Die übrigen genannten Staaten werden ähnliche Schreiben erhalten haben, und deren Ministerien versuchten sich abzustimmen, doch Nassau und wohl auch die anderen Staaten sahen keine Möglichkeit, dieses Ansinnen des Protektors des Rheinbundes abzuschlagen. Wie aus dem Briefwechsel zwischen den Staatskanzleien hervorgeht, hatten schon Baden, Württemberg und Baiern eine entsprechende Werbe-Genehmigung ausgesprochen.

Da Nassau gerade erst aus der Vereinigung der beiden nassauischen Länder Nassau-Usingen und Nassau-Weilburg entstanden war, antworteten die weiterhin zuständigen zwei Staatsminister Ernst Franz Ludwig Freiherr Marschall v. Bieberstein (1770–1834) und Hans Christoph Ernst Freiherr v. Gagern (1766–1852), nicht ohne kleinere Fehler in Orthographie und Syntax:

> Monsieur Bacher, Chargé d'Affaires de S. M. I. et R. de france à francfort
>
> Nous ne Vous dissimuleront point, que la demande:
>
> > de faire récruter à l'avenir le régiment d'Isembourg parmi les sujets des états de la confédération du Rhin
>
> parait présenter beaucoup d'inconvenients.
>
> Nous étions aises d'être débarassés d'autres récrutements étrangers, qui cependant avaient quelque utilité lors du morcellement des états germaniques, en s'emparant partout pleins de moyens, des mauvais sujets, et gens sans aveu, qui incommodoient le pays.
>
> Le vagabondage, ce transit subit d'un territoire à l'autre ne pourra plus avoir lieu, par conséquent nous ne prevoions pas beaucoup de succés pour le régiment d'Isembourg.
>
> Nous devons presumer, que Sa Majesté l'Empereur ne demande ce recrutement que dans les mêmes clauses et réstrictions mises à celui de Leurs Majestés l'empereur d'Autriche et le Roi de Prusse, et Vous en jugerer Monsieur par l'inclure qui servoit de base à ces concessions.
>
> Nous sommes avec une très parfaite considération etc.
>
> Wiesbaden le 27e Sept: 1806

Nassau gestattete also die Werbung, wenn auch mit der Bedingung, dass man sich an die Regularien halte, denen auch frühere militärische Werbungen Österreichs und Preußens unterlagen. Als Beilage wurde eine Abschrift eines Preußischen Werb-Patents mitgeschickt. Ob die Werber zu Isenburgs sich daran hielten oder nicht, erscheint unwichtig. Hier interessiert, dass ab Ende September 1806 in den genannten Staaten für das Regiment Isenburg geworben werden durfte – genau in der Zeit, in der Jochmann dem Gedanken nachging, sich für die Freiheit Polens einzusetzen. Dass solche Werber in Baden auftraten, ist nahezu sicher, hatte man doch die Genehmigung erhalten. Dass Werber in Heidelberg auftraten, seit kurzem ein Teil Badens und näher an Mainz als die meisten Gegenden Badens, ist einfach naheliegend.

Ob Jochmann eine Rekrutenwerbeaktion für dieses Isenburgische Regiment in Heidelberg oder Umgebung erlebt hat, ist unbekannt, aber es ist keineswegs auszuschließen.

3.5 Napoleon reist weiterhin ostwärts

Die deutschen Zeitungen übernahmen eine Nachricht des *Moniteur* vom 24. November 1806, dass die Stadt und die Zitadelle von Danzig[65] eingenommen sei. Allerdings wurde das gleiche von Kolberg behauptet, wie man auch heute noch weiß, zu Unrecht. Eine Meldung aus Danzig vom 25. November lautete dagegen: "Hier sieht es furchtbar aus. Wir haben über 14.000 Mann Preußen im Quartier. Russische und französische Truppen befinden sich nicht in der Nähe."[66]

Die mit Preußen verbündete russische Armee war bereits über die russische Grenze hinaus vorgestoßen, hatte jedoch die Weichsel noch nicht überquert außer bei Warschau, dem zunächst ausgemachten Sammelplatz der russischen Kolonnen.[67]

Napoleons Befehl des Marsches nach Osten auszuführen, war zu Anfang des Winters kein Spaziergang. Allerdings war dieser Winter von "einer Milde, wie sie seit vielen Jahren nicht gezeigt", so jedenfalls eine Zeitzeuge (George 1840, S. 42). Auch Napoleon bemerkte dies und witzelte, er habe in Polen verstanden, dass es neben den klassischen vier Elementen ein

[65] *Augsburgische Ordinari Postzeitung*, Nro 289, 3. Dez. 1806.

[66] *Augsburgische Ordinari Postzeitung*, Nro 299, 15. Dez. 1806.

[67] *Kaiserl. östreichische und Königl. baierische privilegirte Allgemeine Zeitung*, Nro. 343, 9. Dezember 1806. Dort auch eine ausführliche Berichterstattung über den Stand der Aufstände im preußischen Polen und die patriotische Begeisterung im Gefolge der französischen Truppen.

fünftes gebe, den Schlamm.[68] Die Russen zogen sich ohne Gefecht hinter die Weichsel zurück, und die Kavallerie des Generals Joachim Murat erreichte Warschau ohne Gefechte am 28. November. In Warschau, Kalisch und Posen wurden polnische Divisionen aufgestellt. Der sehr neutrale *Schweizer Bote* fasste das zu erwartende Kriegsergebnis im Dezember 1806 so zusammen:

> Gewiß hingegen ists, daß Napoleon jetzt die preussischen Staaten wie sein Eigenthum regiert. Unermeßliche Contributionen füllen seine Kriegskasse; die stärksten Vestungen werden seine Schutzmauer; die Truppen des rheinischen Bundes, die sich schaarenweis zur Wiedereroberung ihrer Selbständigkeit bewaffnenden Polen vergrößern sein sieggewohntes Heer.[69]

Eine Woche später meldete dasselbe Blatt:

> Die franz. Armee ist in vollem Marsch nach Warschau begriffen. Je weiter sie vorrückt, desto mehr überzeugt sie sich, daß die Polen es verdienen, wieder eine Stelle unter den übrigen unabhängigen Nationen einzunehmen.[70]

Ein Zeitzeuge notierte trocken:

> Daß Polen, so weit es Preußisch und nicht von Russischen Truppen besetzt war, sich erhoben und bewaffnet hatte, und Napoleon den Helden seiner Zeit und Wiederhersteller des Polnischen Ruhmes nannte, ist bekannt; (George 1840, S. 42)

Napoleon persönlich erschien am 19. Dezember 1806 in Warschau, legte sich eine einheimische Geliebte zu und verblieb dort bis Ende Januar. Zuversicht in die Wiederherstellung eines polnischen Staates wucherte. Der willfährige Satellitenstaat eines von Napoleon kreierten Herzogtums Warschau mit dem sächsischen König als seinem Oberhaupt und einer Mitgliedschaft im Rheinbund wird allerdings diesen Hoffnungen nicht gänzlich entsprochen haben.

[68] "On sai[t] qu'à sa première campagne en Pologne, Buonaparté dit qu'il avait appris à Pultusk qu'il y avait un cinquième élément, qui était la boue." Peltier 1812, S. 735.

[69] *Der aufrichtige und wohlerfahrene Schweizer-Bote*, No. 50, S. 397, 12. Dezember 1806.

[70] *Der aufrichtige und wohlerfahrene Schweizer-Bote. Der Nachläufer zum Schweizerboten* No. 51, unpaginiert, 19. Dezember 1806.

3.6 Bewertung des Grades der Passung der Ereignisse in diesem Regiment zu den Quellen

Könnte es das hier behandelte Regiment Isenburg gewesen sein, in dem Jochmann kämpfen wollte, sei es für die Freiheit Polens, sei es um militärische Erfahrungen zu erwerben?

Ein Abgleich mit den Anhaltspunkten, die Merkel vorbrachte, ergibt Folgendes. Dieses Regiment war tatsächlich ein Teil der französischen Armee. Nur war es 1806 am Feldzug gegen Preußen nicht beteiligt, schon gar nicht an der Schlacht bei Jena.

Etwas besser ist die Bilanz für Blums Darstellung. Es handelte sich einwandfrei um ein französisches Regiment, auch wenn es weitestgehend aus Nichtfranzosen zusammengestellt war. Der Besitzer und Namensgeber war in der Tat ein Fürst zu Isenburg. Auch ist festzuhalten, dass gerade in dieser Zeit die Hoffnung auf ein selbständiges Polen blühte.

Aber auch bei einer sehr großzügigen Auffassung des Wortes 'Nähe' steht fest, dass dieses Regiment nie auch nur in die Umgebung Danzigs gekommen war.

3.7 Abwägungen zu Jochmanns Gedankengängen

Es sei versucht, Jochmanns Gedankengänge unter der Blum'schen Voraussetzung zu rekonstruieren, dass er tatsächlich unter Napoleon für die Freiheit Polens kämpfen wollte. Um diese Vorstellung zu einer im Ablauf der Zeit und der Geschehnisse sinnvollen werden zu lassen, muss vorausgesetzt werden, dass Jochmann sich bewusst war, dass Napoleon gelegentlich[71] angedeutet hatte, für die Eigenständigkeit Polens sich einsetzen zu wollen. Für den Anschein der Möglichkeit einer Durchführung solch eines Vorhabens musste vorrangig ein erfolgreicher Krieg gegen Preußen geführt oder zumindest vorbereitet werden. Das legt nahe, dass Jochmanns Gedanke eines eigenen militärischen Einsatzes für die polnische Sache im Laufe des Oktober 1806, frühestens Ende September entstanden war. Ferner ist anzunehmen, dass spätestens mit Napoleons Einmarsch in

[71] Pope (1999, S. 381) bemerkt zu dieser Frage: "Napoleon himself was happy to let his polish supporters and soldiers believe he planned their future independence, but never saw Poland as anything more than a convenient source of manpower and a diplomatic bargaining chip."

das damals noch preußische Warschau Ende 1806 der Gedanke einer persönlichen militärischen Beteiligung Jochmanns etwas müßig erscheinen musste, denn der Kaiser der Franzosen hätte auf der Stelle die Auferstehung eines polnischen Königreichs proklamieren können. Das aber unterließ er.

Allerdings war damals die große Landmacht der vierten Koalition, Russland, noch nicht geschlagen. Zeitgemäß bleiben könnte Jochmanns Gedanke über den Herbst 1806 hinaus unter der Voraussetzung, dass, da ja der größte Teil der Polenbeute an Russland gefallen war, Napoleon, wenn denn die erhoffte Freiheit Polens nicht für nur den preußischen, sondern auch für den russischen Anteil gelten sollte, die Fortsetzung des Feldzugs gegen Russland ernstlich wolle. Tatsächlich wurde der Krieg bei besserer Witterung fortgesetzt, und Russland im Juni 1807 bei Friedland in Ostpreußen empfindlich geschlagen. Darauf folgte im Juli das Treffen der beiden Kaiser Napoleon I. und Alexander I. bei Tilsit und der Abschluss eines Friedens, ohne dass Russland auch nur ein Stücklein seiner Polenbeute aufzugeben hatte. Im Gegenteil, Napoleon hatte im Friedensvertrag von Tilsit ein Stück der preußischen Beute, den Bezirk Bialystok, an Russland als seinem Geschäftspartner generös verschenkt. Hätte Jochmann seinen Gedanken auch in der ersten Hälfte des Jahres 1807 weiter verfolgt, hätte er sich für Polen an einem Krieg gegen seine Heimat, gegen Russland, beteiligen müssen. Er hätte 1807 wohl auch bereits begreifen müssen, dass dieses Regiment Isenburg im Südwesten, nicht im Nordosten Europas eingesetzt wurde. Ob er tatsächlich gegen Russland kämpfen wollte, darf wohl unter der Vorstellung, was ihm hätte widerfahren können, wäre er in russische Kriegsgefangenschaft geraten, und auch unter Merkels Bemerkung zum Thema seines Vaterlandes, angezweifelt werden. Bei genannten Blum'schen Voraussetzungen wäre also das französisch-polnische Abenteuer Jochmanns in die Monate Oktober und November 1806 zu setzen, vielleicht mit bereits ersten einschlägigen Gedankenspielen im September.

Aus dieser Hypothese über die zeitliche Lage ergibt sich aber ein schwerwiegender Einwand. Wer würde im Herbst 1806 zu einem in Montpellier stationierten Regiment eilen, um mit Napoleon für Polens Freiheit zu kämpfen?

Die genannten Voraussetzungen waren hier unter der Annahme des Motivs, das Blum nannte, durchgedacht worden. Unter der Annahme des Merkelschen Motivs, nämlich des Kennenlernens des militärischen Lebens, entfällt diejenige Voraussetzung, die für die soeben dargelegte zeitliche Verankerung des Abenteuers unentbehrlich war. Doch nennt Merkel, anders als Blum, eine Jahreszahl, nämlich 1806. Falls aber diese Zahl nur aus Merkels Vermutung einer Beteiligung an der Schlacht bei Jena aufgekommen war und wegen des Nichtzutreffens dieser Vermutung bedeutungslos wäre, hätte Jochmann unter Merkels Motiv auch früher oder später in sein Abenteuer gestolpert sein können.

Doch dass er dabei zu einem der Eroberer Danzigs geworden wäre, ist wegen der italienischen und spanischen Einsätze dieses Fremdenregiments auszuschließen.

3.8 Ein Zusatz

Dass Jochmann zur Befreiung Polens ein in Montpellier stationiertes Regiment aufzusuchen beabsichtigte, ist wohl als höchst absurde Annahme abzulehnen. Dass er in ein solches unbeabsichtigt geraten konnte, ist dagegen nicht völlig auszuschließen.

Es muss eine weitere, bereits oben angesprochene Komplikation berücksichtigt werden. Ein Regiment ist ein mehrgliederiges System, das sich aus Bataillonen zusammensetzt, die sich wiederum aus Kompanien zusammensetzen und diese wiederum aus kleineren Einheiten. Diese diversen Einheiten müssen nicht notwendig am selben Ort stationiert sein. Wenn also Zeitungen berichten oder historische Werke feststellen, das Regiment Isenburg sei in einem bestimmten Zeitpunkt in Montpellier oder vor Gaeta gewesen, so schließt das keineswegs aus, dass andere Einheiten dieses Regiments sich vorübergehend anderenorts aufhalten. Weiter oben war schon ein Beispiel genannt.

Der Erlebnisbericht eines Angehörigen des in diesem Abschnitt behandelten, 1805 konstituierten Regiments Isenburg zeigt dies deutlich. Der bereits genannte und zitierte Abenteurer und Schriftsteller Johann Konrad Friederich[72] (1789–1858) berichtete von seinem Leben in diesem Regiment ausführlich. Besondere Beachtung verdient diese Beschreibung, weil er und Jochmann nahezu gleichaltrig waren. Da Friederich Daten und Jahreszahlen leider nur sparsam ausstreut, bedarf es manchmal der Extrapolation, um die berichteten Geschehnisse zeitlich zu verankern.

Friederich, in Frankfurt am Main in bürgerlichen Kreisen aufgewachsen, wollte zunächst Schauspieler werden. Da dies auf größten Widerstand des Vaters stieß, wurde beschlossen, dass er Soldat werde. Er erzählt, dass er

[72] Vgl. Ebrard & Liebmann 1918; Klötzer 1994, S. 222.

mit seinem Vater nach Mainz fuhr, “wo Latour damals ein neues Regiment für die französische Regierung errichtete” (Friederich 1848, S. 197). Da Napoleons Befehl an Godefroy de La Tour d’Auvergne zum Aufbau eines Regiments auf den 30. September 1805 datiert ist, mag diese Fahrt nach Mainz im Oktober 1805 stattgefunden haben. Friederich wurde ungeachtet seiner noch nicht sechzehn Lebensjahre und des Fehlens jedweder militärischer Ausbildung oder Erfahrung in das Regiment La Tour d’Auvergne aufgenommen, und zwar im Unteroffiziersrang. Friederich gesteht, damals “ein blinder Verehrer des neugebackenen Kaisers” gewesen zu sein (1848, S. 207). Bald nach Aufnahme bei La Tour erfuhr er, dass “Fürst Y...”, zweifelsfrei Fürst zu Ysenburg oder Isenburg, ein Bekannter seiner Familie, ebenfalls ein Regiment aufbaute. Auf Wunsch der Familie trat er nach ungefähr vier Wochen Aufenthalt in Mainz zu Isenburg über, wie er schreibt (1848, S. 207), also wohl im November 1805. Er schildert, mit welchen hinterhältigen Mitteln Kriegsgefangene geworben wurden, dass auch “nichtswürdige Subjekte” rekrutiert wurden und dass dies Regiment in einen “übeln Ruf” kam (1848, S. 209), offensichtlich bereits Ende 1805 in Mainz. Zu Beginn des Jahres 1806 erkrankte er an Typhus. Während er dem Tode nahe im Lazarett lag, wurde dem Regiment Isenburg der Abmarsch nach Toul befohlen, was, wie oben erwähnt, Ende Januar 1806 geschah. Der Grund für diesen Befehl lag darin, dass viele Rekruten “mit den erhaltenen Effekten”, also dem Handgeld, über den Rhein desertierten (1848, S. 213). Der erkrankte Friederich blieb zurück und erhielt Urlaub. Nach seiner Genesung und Rückkehr nach Mainz kündigte man ihm an, dass “in einigen Tagen ein Transport von etwa 60 Mann Rekruten zum Regiment abgehen müsse, den er [der Quartier-Maitre] mir zur Führung übergeben würde, da ich der einzige jetzt noch in Mainz vorhandene Unteroffizier desselben sey” (1848, S. 216). Offensichtlich darf man den Satz, das Regiment sei nach Toul gezogen, keinesfalls so verstehen, als werde nicht weiterhin in Mainz für das noch nicht komplett aufgefüllte Regiment geworben, gemustert und aufgenommen.

Daraus ist für den Fall Jochmann zu folgern, dass zwar das Regiment Isenburg in Toul oder anderswo stehen mochte, dass gleichwohl in Mainz auch im Jahre 1806 weiterhin für das Regiment rekrutiert wurde. Offizielle Rekrutenwerbung konnte nach Genehmigung durch die Rheinbundstaaten seit Ende September 1806 wieder betrieben werden, inoffizielle gab es wohl schon davor.

Leider nennt Friederich weder Woche noch Monat seines Rekrutentransports nach Toul. Hier bleibt die zeitliche Verankerung in seiner Darstellung unklar. Es hatten sich, so schreibt er weiter, in Mainz “Truppen aller

Waffengattungen versammelt, deren Bestimmung Jedermann noch ein Räthsel, da der Friede mit dem fast vernichteten Oesterreich so gut wie geschlossen war" (1848, S. 217). Der Friedensschluss von Pressburg wurde am 26. Dezember 1805 geschlossen und Tags darauf ratifiziert. Friederich war in seiner Chronik aber mit seiner Genesung bereits im Jahr 1806 angelangt, und ohne Absatz und unmittelbar an den eben zitierten Satz schließt er diesen an: "Wenige Tag vor meinem Abmarsch kam der allgemein bewunderte Sieger, Kaiser Napoleon, nach Mainz."

Leider taugt dieser Hinweis auf Napoleon nicht zur Datierung, denn hier liegt offensichtlich ein Irrtum vor. Napoleons Rückweg aus Österreich hatte ihn seinerzeit im Januar 1806 über München, Stuttgart, Karlsruhe und Straßburg nach Paris geführt, nicht aber über Mainz. Erst neun Monate nach dem Friedensschluss mit Österreich besuchte Napoleon Mainz, und zwar am 28. September 1806. Er blieb vier Tage dort, und dies war Napoleons zweiter Besuch in Mainz. Zu der Zeit jedoch befanden sich Friederich und sein Bataillon (1848, Kap. XVIII, S. 478) in Calabrien. Es ist also anzunehmen, dass seine Erinnerung sich auf Napoleons früheren Besuch in Mainz bezieht, der im Rahmen einer Inspektion des Ärmelkanals und der Rheingrenze vom 20. September bis zum 1. Oktober 1804 stattfand. Das Ergebnis dieser Besichtigung fiel so befriedigend aus, dass Buonaparte annehmen konnte, niemand werde seine nicht nur in Adelskreisen fragwürdige Kaiserkrönung am 2. Dezember 1804 für eine militärische Überrumpelung nutzen.

Friederichs Kommando der etwa 70 Rekruten zu Fuß von Mainz nach Toul muss im März oder April 1806 stattgefunden haben. Sein Bericht darüber zeigt, dass sich eine Vielzahl schräger und übelbeleumundeter Elemente in dieser Truppe befand, darunter "die abgefeimtesten und verschmitztesten, mit allen Hunden gehetzten Galgenstricke" und sogar Anhänger der Räuberbande des Ende 1803 in Mainz guillotinierten Schinderhannes. Mancher desertierte auf dem Wege nach Toul aus diesem Haufen, zu dem Friederich ergänzt:

> Dieser bestand in aus allen Ecken und Enden zusammengerafftem Gesindel, noch ungekleidet und unbewaffnet; da waren preußische, östreichische, bairische, hessische Deserteurs, Polen, Russen, Böhmen und Ungarn, alles durcheinander, zum Theil noch die abgenutzten Uniformen ihres frühern Dienstes tragend, zum Theil in Lumpen gehüllt. (Friederich 1848, S. 219)

Die Beschreibung des grotesken zerlumpten Zuges, zu dem einige mehr oder weniger angeheiratete Damen und Töchter gehörten, über Worms,

Dürkheim, Kaiserslautern, Landstuhl, Homburg, Saarbrücken, Metz und weiter bis nach Toul lese man im Original. In Toul angekommen, konnte Friederich das Kommando abgeben. Dort traf er den Fürsten zu Isenburg, dem er eine besondere Schilderung widmet (Friederich 1848, S. 243f.), die nicht recht zu der eine rücksichtslose Zielgerichtetheit suggerierenden Bezeichnung "condottiere" passt, die Elting (1988, S. 358) für ihn verwendet hat.

Friederich berichtet ausführlich über seine unterhaltsamen Ausflüge nach Nancy, die er wie die meisten in Toul kasernierten Soldaten und Offiziere in reichlicher Zahl unternahm, bis sein Regiment nach Avignon marschieren und er sich von seinen ungezählten Nancyer Damenbekanntschaften trennen musste.

Es ist festzuhalten, dass, auch wenn das Regiment Isenburg später in diesem Jahr 1806 von Toul nach Avignon zog und danach in Montpellier stationiert war, nicht nur weiterhin in Mainz rekrutiert wurde, sondern dass auch in Toul noch Teile des Regiments vorzufinden waren, die dort eingekleidet, ausgerüstet und geschliffen wurden, übrigens mit der barocken Methode reichlicher Stockschläge, die bei Napoleons französischen Heeren aus französischen Citoyens abgeschafft war.

Es spricht bei dieser Sachlage nicht viel dagegen anzunehmen, dass Jochmann im September oder Oktober 1806 im Umfeld des zweiten Mainzbesuches Napoleons von Heidelberg nach Mainz wanderte, sich dort anwerben ließ, vielleicht auch mit einem Zug Rekruten nach Toul gebracht wurde und irgendwann erkannte, dass mit diesem "üblen" Regiment nichts für Polen zu gewinnen war, denn die einsatzfähigen Teile des Regiments waren in Italien und später auch in Spanien und Portugal engagiert. Jochmann könnte nach Einsicht in die Vergeblichkeit seiner Bemühungen um Polen wie andere vor ihm geradewegs in Richtung auf den Rhein zurück nach Heidelberg sich verdrückt haben. Er wäre keineswegs der erste Deserteur dieses Regiments gewesen.

Was aber hat es mit dem angeblichen Brief aus Danzig auf sich, der Jochmanns Rückkehr nach Heidelberg ankündigte? Auch in die soeben angedachte Fassung des Ablaufs seines militärischen Abenteuers passt er einfach nicht hinein. Auch wenn die Teileinheiten eines Regiments sich nicht notwendig permanent am selben Ort befinden müssen, kann es als sicher gelten, dass keine Kompanie dieses Isenburger Regiments an Napoleons Ostfeldzug teilgenommen hatte, denn erstens findet sich kein Hinweis auf Einsätze rechts des Rheins, und zweitens wäre es widersinnig, Fremdenlegionäre in ihrer Heimat einzusetzen.

Mit diesem Regiment ist aber noch nicht getan. Es soll ein weiteres Regiment dargestellt werden, das Fürst Carl zu Isenburg erneut als Proprietär konstituierte und das unter seiner vorläufigen Benennung ‘Regiment Isenburg’ nicht weniger berüchtigt wurde als das soeben behandelte.

Zuvor jedoch ein erforderlicher Einschub.

4.1 Isenburger staatliche Truppen

Zur Verhütung eines Irrtums sei ein kurzer Abschnitt anderen Truppen des Fürsten zu Isenburg oder genauer des Fürstentums Isenburg gewidmet, die an der Kampagne gegen Preußen tatsächlich mitgewirkt hatten. Nachdem Ende 1806 die entscheidenden Schlachten geschlagen, die wichtigeren Festungsbelagerungen mit einigen Ausnahmen wie etwa Danzig erfolgreich gewesen waren und die militärische Winterruhe einkehrte, wurden die Kontingenttruppen der Staaten des Rheinischen Bundes aufgefordert, sich an bestimmte Truppensammelplätze zu begeben:

> Zu den Sammelplätzen für die Truppen des rheinischen Bundes, deren immer mehrere der großen Armee nachgeschickt werden, sind durch einen Tagesbefehl vom 19. Nov[ember 1806] folgende Oerter bestimmt: 1) Alles, was zu den königl. bayerschen und königl. wirtembergischen Truppenkorps gehört, begibt sich nach Frankfurt an der Oder. 2) .... 6) Die Truppen der Prinzen von Hohenzollern-Hechingen und Hohenzollern-Sigmaringen und des Fürsten von Isenburg nach Magdeburg.[73]

Die hier als Truppen des Fürsten von Isenburg bezeichneten Einheiten haben nichts mit einem französischen Fremdenregiment zu tun, dem die Bezeichnung Regiment Isenburg/Isembourg verliehen worden war. Das Fürstentum Isenburg(-Birstein) war dem Rheinbund am 12. Juli 1806 als Gründungsmitglied beigetreten. Es hatte sich wie jedes Mitglied verpflichtet, im Kriegsfall ein Kontigent Militär zu stellen. Das schmächtige Fürstentum verfügte über eine Armee aus 4.000 Mann, sein Rheinbund-Kontingent belief sich auf 291 Mann. Diese Anzahl reichte nur für etwa eineinhalb Kompanien, nicht für ein Bataillon, geschweige denn für ein ganzes Regiment.

[73] *National-Zeitung der Teutschen*, 50stes Stück, Sp. 1055, 11. Dezember1806.

Dieses winzige Kontingent bestand selbstverständlich aus Isenburger Landeskindern. Dass Jochmann mit dieser Truppe gen Preußen marschiert wäre, ist auszuschließen. Er wäre als Fremdling sofort aufgefallen.

Auch diese Militärformation wird gelegentlich als Regiment Isenburg bezeichnet, so etwa heute noch im Hessischen Staatsarchiv Darmstadt im Bestand E 8 B.[74]

Fürst zu Isenburg hat dieses Kontingent nicht angeführt. Er hielt sich hauptsächlich im Hofstaat Napoleons im besetzten Berlin auf und war auch mit einer neuen Aufgabe beschäftigt, der Werbung und Zusammenstellung eines weiteren Fremdenregiments. Vermutlich dachte Napoleon immer noch an die Aufstellung einer ganzen *Légion allemande*.

Joachimsthaler (i. V.) versuchte, die Festung Danzig und Carl Gustav Jochmann zusammenzuführen, und verweist dafür auf einen von ihm nicht näher identifizierten Eintrag in http://www.napoleonwiki.de. Wahrscheinlich bezieht er sich auf den Vermerk für den 14. Januar 1807, in dem folgende Ereignisse festgehalten werden:

> Der zum Oberbefehlshaber des 10ten Armeekorps ernannte General Victor wird durch ein preussisches Streifkorps aus Colberg unter dem Lieutenant von Schill vom Dragonerregiment der Königin auf der Reise von Warschau nach Stettin bei Stargard gefangen, und im folgenden Monat gegen den General Blücher ausgewechselt. (Das erwähnte 10te Armeekorps wurde aus den Contingenten von Baden, Berg, Darmstadt, Hohenzollern, Isenburg, Nassau und Würzburg formirt.)[75]

Das im letzten Satz genannte Kontingent Isenburg ist offensichtlich das Isenburgische Rheinbundkontingent mit seinen möglicherweise noch 291 Mannen. Der Name 'Isenburg' steht in einer alphabetischen Reihe mit denen anderer Rheinbundstaaten, woraus geschlossen werden darf, dass er sich auf das Staatswesen namens Fürstentum Isenburg, nicht aber auf ein Mitglied der Familie Isenburg bezieht. Falls denn diese Kompanie nach dem Aufenthalt in Hinterpommern auch an der Erstürmung Danzigs teilgenommen haben sollte, dann unzweifelhaft ohne Jochmann. Auf den

[74] Die Konvolute E 8 B 254/5; 254/6; 254/7M 255/1 behandeln die Übernahme des Fürstlich Isenburgischen Militärs durch das Großherzogtum Hessen im Zuge der Übernahme eines Teils dieses Fürstentums 1816.

[75] http://www.napoleonwiki.de/index.php?title=Feldzug_von_1807 (Eingesehen am 4. Mai 2018)

französischen General Claude Victor Perrin, genannt Victor, und auf den Zeitpunkt des Falls der Festung Danzig wird noch einzugehen sein.

5.1 Ein drittes Regiment Isenburg

Nach seiner Siegesserie über Preußen hatte Napoleon erneut ein altes Problem, die zahllosen Kriegsgefangenen, deren Unterbringung und Verköstigung etliche Mittel verschlangen. Laut dem 31. *Bulletin*[76] *de la grande armée*, ausgegeben zu Berlin am 12. November 1806, waren es 140.000 Mann. Er griff auf den Lösungsansatz zurück, den er schon im Vorjahr versucht hatte, die Übernahme möglichst vieler Gefangener oder, aus anderer Sicht, Deserteure in ein Fremdenregiment. Carl Fürst zu Isenburg, der im Vorjahr den Auftrag erhalten und ausgeführt hatte, Österreicher, Russen und andere zu regimentieren, befand sich gerade griffbereit auch in Preußen.

Diesmal wählte Napoleon nicht den administrativen Weg, einen Befehl zu erlassen. Er übertrug dem Kriegsminister und Marschall Louis-Alexandre Berthier die Aufgabe, einen Brief an zu Isenburg aufzusetzen, mit welchem er ihn informierte, Napoleon hege den Wunsch, dass ein Fremdenregiment aus Preußen aufgestellt werde. Dieser Brief[77] trägt das Datum 13. November 1806, und zu Isenburg machte sich daran, desertierte preußische Soldaten zu einem Regiment zu formieren und entsprechende Offiziere auszuwählen.

Doch dieser Brief war vielleicht nicht der tatsächliche Startschuss für den Aufbau dieses neuen Regiments. Denn in seiner *Chronologischen Übersicht der wichtigsten Begebenheiten aus den Kriegsjahren 1806-1815* hielt Poppe schon für den vorausgegangenen Oktober 1806 fest, ... "der franz. Kaiser [habe] dem Fürsten von Isenburg (...) die Errichtung eines Infanterieregiments von 4 Bataillons, das ganz aus Leuten bestehen sollte, die in preuß. Diensten gestanden und mit Capitulation in franz. Gefangenschaft gerathen wären," aufgetragen. (Poppe 1848, S. 42)

Doch Berthiers Brief wird der Sache den amtlichen Charakter gegeben haben, denn Poppe konstatiert für den 17. November 1806 die "Errichtung

[76] *Correspondance de Napoléon Ier*, 13. Bd., 1863, S. 648-649. Paris: Imprimerie Impériale.

[77] Vgl. Pigeard 1994.

einer ... französisch-preuß. Legion durch den Fürst Karl von Isenburg". (Poppe 1848, S. 59)

Der Fürst machte sich sogleich an die Arbeit und verfasste eine schwülstige Bekanntmachung, die eine der Kollaboration verdächtige Berliner Zeitung, *Der Telegraph*[78], am 18. November 1806, eilends auf ihrer ersten Seite abdruckte.

Bekanntmachung.
(Berlin.)

Nachdem Sr. Majestät der Kaiser von Frankreich, König von Italien mir die Errichtung eines Infanterie Regiments von vier Bataillons, so aus lauter in Preussischen Diensten gestandenen Individuen zusammen gesezt werden soll, gnädigst zu übertragen geruht haben; so wird hiemit allen denjenigen Herrn Offizieren, so mit Kapitulation in französische Kriegsgefangenschaft gerathen sind, und welche den Wunsch hegen, aus dieser unangenehmen Lage heraus zu treten, um ihre Thätigkeit und militairischen Talente dem Dienst unseres unüberwindlichen Kaisers zu widmen, eine Anstellung in ihrem vorher in der Armee begleiteten Rang, in diesem Regiment angeboten. Diese ehrenvolle Anstellung sichert denjenigen, so derselben zu erlangen wünschen, den Schutz und die väterliche Sorge des angebeteten Helden, der seine Krieger wie seine Kinder liebt, in vollestem Maße zu, und dieselben werden in allem, denen Offizieren der Französischen Armee gleich gehalten werden.

Die Unter-Offiziere und Gemeinen werden ebenfalls alle die Vortheile der Französischen Soldaten geniessen.

Welcher Soldat ist so glüklich als dieser? Sold, Kleidung und Verpflegung im reichsten Maße, übertreffen die jeder andern Armee; der Französische Soldat lebt besser als der Unteroffizier in jeder andern Armee, und genießt eines Ueberflusses, der ihm die Last des Dienstes zum leichten Geschäfte macht.

Eilt dann herzu, tapfere Krieger! tretet unter die Fahnen Napoleons des Grossen, und gehet mit ihm dem Siege, und unsterblichen Ruhme entgegen.

Der Sammelplatz dieses Regiments wird Leipzig sein, diejenigen Individuen so mich hier zu sprechen Wünschen, finden mich im Schiklerischen Hause Nro. 57, auf dem Döhnhofischen Plaze.

Carl,
Fürst zu Isenburg.

[78] *Der Telegraph No. 30,* S. 121, 18. November 1806.

Diese Bekanntmachung, eine unverfrorene Aufforderung zur Desertion, wurde Ende November 1806 in verschiedenen Zeitungen[79] mit Variationen in Orthographie, Interpunktion und Wortlaut abgedruckt, möglicherweise auch an öffentlichen Plätzen angeklebt. Die in Gotha erscheinende *National-Zeitung der Teutschen*[80] meldete jedenfalls, die Bekanntmachung sei am 23. November an die Toren zu Gotha angeschlagen worden. Ob Jochmann sie irgendwo lesen konnte, erscheint nicht unmöglich, vorausgesetzt, er befand sich noch auf deutschem Boden.

Der Telegraph, eine Tageszeitung, meist mit dem Untertitel *Ein Journal der neuesten Kriegs-Begebenheiten* versehen, wurde 1806 von einem Karl Julius Lange (1755–1812/13) gegründet und herausgegeben. Nach der preußischen Niederlage bei Jena und Auerstedt bemühte er sich nach Kräften, seine Berichterstattung den Wünschen des Siegers anzupassen. Zu zu Isenburg unterhielt er beste Beziehungen, wie eine Meldung von Anfang 1807 zeigte:

> Der Herausgeber des Telegraphen zu Berlin, Prof. *Karl Julius Lange*, hat von dem regier[enden] Fürsten zu Isenburg den Charakter eines Hofrath erhalten.[81]

Schon am 30. November 1806 behauptete Lange im Sinne zu Isenburgs: “Die Werbung des von dem Prinzen von Isenburg zu formirenden Regiments, geht sehr lebhaft vorwärts, und die verlangte Zahl wird bald vollständig seyn.”[82] Da dies wohl etwas übertrieben war, publizierte er am 7. Dezember in einem Anhang seiner Zeitung ein *Schreiben eines Preussischen Offiziers an einen Preussischen Major in Berlin*, abgesandt in Leipzig am 2. Dezember. Darin schreibt dieser namenlose, vielleicht auch imaginäre Offizier unter anderem:

> [Napoleon] hat dem regierenden F ü r s t e n v o n I s e n b u r g den Auftrag zur Errichtung eines aus Preussischen Gefangenen zu formirenden Regiments,

[79] So in der *National-Zeitung der Teutschen*, 48stes Stück, Sp. 1020, 27. November 1806. Am selben Tag auch in *Kaiserl. östreichische und Königl. bairische privilegirte Allgemeine Zeitung*, Nr. 332, S. 1327. Ähnlich am selben Tag in *Königlich-baierische Staats-Zeitung von München*, Nr. 281, S. 1148f., abgedruckt in Joachimsthaler (i. V).

[80] *National-Zeitung der Teutschen*, 48stes Stück, Sp. 1020; 27. November 1806.

[81] *Neues Allgemeines Intelligenzblatt für Literatur und Kunst zur N. Leipz. Lit. Zeitung* gehörend, 1. Bd., 9. Stück, 25. Februar 1807, Sp. 140.

[82] *Der Telegraph*, No. 42, S. 178.

> welches alle die Vortheile, und die Auszeichnungen der übrigen Regimenter der Französischen Armee geniessen soll, ertheilt. Was kann ehrenvoller sein, als der Kriegsdienst unter dem ersten und größten Feldherrn der Welt?
>
> Dank meinem Genius! Ich bin Lieutenant in dem Regimente des Prinzen von Isenburg; ich diene dem K a i s e r N a p o l e o n ; mehrere Brave, verdienstvolle Offiziere, die den Namen Offizier mit Recht verdienen, sind zu der nämlichen Fahne getreten.[83]

Dieser Lieutenant eines Regiments des Prinzen oder Fürsten zu Isenburg ist mit sehr viel größerer Sicherheit pure Erfindung als jener Lieutenant, der Jochmann nach Blum in einem Regiment Isenburg gewesen sein soll.

Wie Poppe (1848, S. 34) darstellt, wurde die spätgotische Leipziger Neukirche zunächst zur Unterbringung für kriegsgefangene Preußen und Schweden, dann "zum französischen Werbehause für das Regiment Isenburg" zweckentfremdet. Offensichtlich wurde unter Kriegsgefangenen bald bekannt, dass man sich bei zu Isenburg anwerben lassen und alsbald mit Handgeld in die Freiheit entweichen konnte.

Tatsächlich lief die Werbung und Einstellung, kaum überraschend, weniger ordnungsgemäß als erwartet. Berthiers Brief hatte ja eindeutig befohlen, dass nur in preußischem Dienst gestandene Individuen Zugang zu dem neuen Regiment erhalten sollten. Doch es kam anders, wie Johann Carl Gross in seinen *Erinnerungen aus den Kriegsjahren* aus Leipzig berichtete:

> Diese letztere Bestimmung wurde jedoch keineswegs genau beobachtet, indem bei dem nicht so zahlreich, als man erwartete, stattfindenden Zutritte ehemaliger preußischer Militairs jeder sich Anmeldende ohne Unterschied aufgenommen wurde, unter welchen nun freilich viele nichtsnutzige Subjecte und wahre Vagabunden sich befanden, die zum Theil vor ihrer Einkleidung erst im Hospital vom Ungeziefer gereinigt werden mußten; ja sogar ein hier etablirter, aber in sehr zerrütteten Vermögensumständen sich befindender Kaufmann hatte sich als Sergeant anwerben lassen, in der Hoffnung, dadurch dem ihm drohenden Wechselarrest zu entgehen; er täuschte sich jedoch hierin, indem er, da er fortwährend in seinem Verkaufslocal ohne Uniform sich aufhielt, von dem Handelsgericht zu Arrest gebracht und dieses Verfahren der Reclamationen des Isenburgischen Regimentscommandanten ungeachtet von den französischen Behörden aufrecht erhalten wurde. (Gross 1850, S. 16)

[83] *Der Telegraph*, No. 49, unpaginierter, zweiseitiger Anhang. Anscheinend übernahm die *Vossische Zeitung* vom 9. Dezemberg 1806 diesen Brief, vgl. Bauer 2006, S. 145.

Jochmann hätte hier zweifellos unterschlüpfen und sogleich Lieutenant werden können. Ähnliches Personal hatte sich bereits in Mainz beim älteren Regiment des Fürsten eingefunden.

Das ungesetzliche Treiben in der neuen Isenburger Rotte führte dazu, dass der Rat der Stadt Leipzig sich genötigt sah, am 11. Dezember 1806 ein Patent zu publizieren, dass ...

> Jeder, der einem von dem franz. Militär als Gefangenen eingeführten oder in franz. Dienst angeworbenen Soldaten zur Desertion behülflich ist, und ein solches Vorhaben auch nur auf die entfernteste Weise, durch Unterstützungen an Gelde, Kleidungsstücken und sonst erleichtert, mit der Todesstrafe belegt werden soll. (Poppe 1848, S. 59)

Um dem Fürsten die neue Arbeitslast schmackhaft zu machen, ernannte Napoleon ihn mit Dekret[84] vom 12. Dezember 1806, ausgestellt im damaligen Hauptquartier in Posen, zum Brigadegeneral, was natürlich auch *Der Telegraph*[85] beflissen meldete. Durchgeführt wurde diese Ernennung anscheinend am 23. Dezember.[86] In einem weiteren Dekret, ausgestellt in Warschau am 6. Januar 1807, entließ der Korse den Fürsten aus seiner Stellung als Oberst des 1805 aufgestellten Regiments Isenburg, in dem Friederich diente, und ernannte einen Major dieses Regiments zu seinem Nachfolger. Das offizielle Organ, das diese Nachricht verbreitete, nennt ihn irrtümlich Omcara.[87] Sein tatsächlicher Name lautete William oder Guillaume O'Meara (1764–1828), ein Franzose irischer Abstammung und Major seit dem 9. März 1806.[88]

Das neue, in Leipzig zusammengestellte Regiment wird eines späteren Tages den offiziellen Namen *Régiment de Prusse* erhalten. Da aber zu Isenburg der Organisator war, findet sich zunächst die Bezeichnung *Regiment d'Isenburg/Isembourg*, was zu Verwechslungen mit dem 1805 begründeten *Régiment d'Isembourg* führen kann. Dafür ein Beispiel aus dem *Journal de l'Empire*, das aus Berlin für den 21. Dezember 1806 meldete:

[84] *Gazette nationale, ou le moniteur universel*, No. 6, S. 22, 6 Janvier 1807.
[85] *Der Telegraph*, No. 62, S. 262; 20. Dezember 1806.
[86] *Journal de l'Empire*, 4 janvier 1807.
[87] *Gazette nationale, ou le moniteur universel*, No. 54, S. 211, 23 Février 1807.
[88] Six 1934, 2. Bd. S. 265-266.

> Les derniers compagnies qui complètent le nouveau régiment d'Isembourg composé de prisonniers de guerre servant dans les armées prussiennes, doivent maintenant être arrivées à Mayence.[89]

Hier wird von einem *neuen Regiment Isenburg* gesprochen, das aus preußischen Kriegsgefangenen konstituiert wurde. Der offizielle Name ist offensichtlich entweder noch nicht vergeben oder noch unbekannt. Dass die letzten Kompanien dieses Regiments in Mainz eingetroffen seien, ist unzutreffend. Es wird wohl nur eine Vermutung des Korrespondenten damit ausgedrückt. Das Gros des Regiments wurde erst Ende März 1807 aus Leipzig entfernt. In dieser Stadt wurde das Regiment zunächst weiterhin aufgefüllt.

Am 27. Dezember 1806 vermeldete der *Telegraph*, der Aufbau dieses neuen Regiments habe "einen sehr erwünschten Fortgang" und es hätten sich schon mehr als 40 Offiziere, die ehemals in preußischen Diensten standen, bei diesen neuen französischen Regimentern eingefunden, und darunter seien Namen, die sowohl in Hinsicht ihrer militärischen Talente und ihres guten Rufs wie auch ihrer Familien-Verhältnisse alle Achtung verdienten.[90]

Die hier im Plural auftretenden Regimenter sind Phantasieprodukte des *Der Telegraph*, es wird bei einem einzigen bleiben. Wie es mit dem guten Ruf jener 40 Offiziere gestanden haben mag, ließe sich untersuchen, denn die *Rangliste der Königlich Preußischen Armee für das Jahr 1806 mit Nachrichten über das nachherige Verhältniß der darin aufgeführten Officiere und Militair-Beamten* enthält einige Namen versehen mit der Anmerkung "desertirt u. zum Isenburg. Corps übergegangen" (Müller 1827)[91]. Solches Verhalten galt selbstverständlich als schimpflich, nicht nur in Preußen.

Es sei aus dem *Der Telegraph*[92] noch ein Dokument wiedergegeben, in dem es um einen Fall geht, bei dem ein Offizier dieses neuen Isenburger Corps sich mit der Ausflucht einer Erkrankung zurückziehen wollte. Zu Isenburg verdeutlichte ihm in der Öffentlichkeit einer Tageszeitung, dass er als Deserteur betrachtet werden könne, da er nicht dimittiert sei. Es ist nebenbei nicht bekannt, in welcher Form Jochmann sich aus seinem Regiment verabschiedet hatte, doch das wahrscheinlichste ist das einfache

[89] *Journal de l'Empire*, 3 janvier 1807.

[90] *Der Telegraph*, No. 69, S. 289.

[91] Dort auf den Seiten 3, 5, 18, 21, 23, 24, 26, 29, 30, 37, 52, 56, 59, 118.

[92] *Der Telegraph*, No. 23, S. 89. 23. Januar 1807.

Desertieren, das gerade in den hauptsächlich aus Kriegsgefangenen zusammengesetzten Fremdenregimentern verbreitet war. Isenburg gab in gestelztem Ton bekannt:

> Herrn Wilhelm von Ingenheim, welcher ehemals bei dem Königlich Preußischen Infanterie Regiment Graf von Wartensleben in Erfurth als Premier Lieutenant gestanden, sich aber am 10. Januar freywillig um Kaiserlich Königlich Französische Krieges-Dienste bey Uns gemeldet, auch seinem eifrigen Begehren gemäß, unter dem 1. Preußischen Infanterie Regiment, so Wir für den Kaiserlich Königlich Französischen Dienst organisirten, angestellt wurde, wird hiermit statt einer schriftlichen Antwort in öffentlichen Blättern bekannt gemacht, daß Wir den an Uns adressirten Brief de dato Buchholz in der Mark den 15. Januar, worin er sein erhaltenes Patent unter dem Vorwande, durch Krankheit an ferneren Krieges-Diensten gehindert zu seyn, an Uns zurüksendet, erhalten, und sogleich Seiner Durchlaucht dem Fürsten von Neufchatel Kaiserlich Königlich Französischem Krieges-Minister und Major-Général der Grossen Armee Bericht davon erstattet haben, auch seiner weitern Befehle darüber gewärtig sind. Zugleich wird ihm von Ingenheim hiemit bestimmt bekannt gemacht, daß er bis zu erhaltener Dimission von Uns, seiner, durch Annahme Unseres Patents, contrahirten Dienstpflichten gegen Seiner Kaiserlich Königlichen Majestät den Kaiser von Frankreich König von Italien keinesweges entlassen sein kann, sondern sich jeder gegen ihn verhängt werdenden Verfügung zu unterwerfen hat, auch daß derselbe sich alsobald in das Regiments-Quartier nach Leipzig zu verfügen hiemit angewiesen wird. Berlin den 21. Januar 1807.
>
> Der Fürst zu Isenburg,
>
> Kaiserl. Königl. Französischer Brigade-General, mit der Organisation, der Preussischen Regimenter für den Französischen Dienst beauftragt. Carl.

Der erwähnte Fürst von Neufchatel oder Neuchâtel oder Neuenburg war der einer bürgerlichen Familie entstammende Louis-Alexandre Berthier, der als Napoleons Kriegsminister am 30. März 1806 mit dieser Titulatur dekoriert wurde und zu Isenburg im Namen Napoleons den Auftrag erteilt hatte, das neue Regiment aus Preußen einzurichten.[93] Zu Isenburg machte mit dieser Publikation bekannt, dass er Fälle, die wie Desertion aussehen oder so aussehen könnten, an den Kriegsminister weiterreiche. Dessen Ministerium führte darüber sicherlich Dossiers, und Betroffene würden, falls gestellt, sich auf entsprechend unangenehme Behandlung einstellen müssen. Dass Isenburg dies Schreiben in einer Tageszeitung abdrucken

[93] Six 1934, 1. Bd., S. 88.

ließ, legt nahe, dass er eine Warnung an alle aussenden wollte, die gedachten, sich auf französisch aus seiner Truppe zu absentieren.

Angemerkt sei, dass ein Motiv für Jochmanns Flucht aus Riga nach England kurz vor oder nach dem Einfall Napoleons in Russland aus der Besorgnis entstanden sein könnte, er werde in französischen Dossiers als Deserteur geführt.

Dem öffentlich gebrandmarkten Wilhelm v. Ingenheim gelang es übrigens, in Preußen nicht als Deserteur zu gelten. Das Regiment Graf Wartensleben löste sich 1806 auf. Ingenheim diente 1811 als Caporal im schlesischen Schützen-Bataillon, wurde als Major mit Pension dimittiert und verstarb 1812. (Müller 1827, S. 201)

In Leipzig entwickelte sich anscheinend ein munterer Schwarzmarkt zwischen frisch geworbenen Isenburg-Söldnern und den Einheimischen. Am 23. Januar 1807 musste der Rat zu Leipzig erneut schwerste Strafen androhen:

> E[uer] E[hren] Hochweiser Rath dieser Stadt hat vernehmen müssen, daß von einigen Gemeinen des allhier liegenden Isenburger Regiments, Camaschen, Strümpfe, Schuhe und andere Kleidungsstücke an die hiesigen Einwohner verkauft worden seyn sollen.
>
> Wie nun bekannt, daß Soldaten ihre Montirungs-Stücken eben so wenig verkaufen dürfen, als wenig sie Unterthanen an sich bringen mögen: also wird, auf besondere Veranlassung des allhiesigen Commandanten, Herrn Generals von Réné, gesammten Bürgern und Einwohnern allhier, solches hiermit noch besonders bekannt gemacht, und ein jeder angelegentlich verwarnet, sich weder mit der Mannschaft des Isenburger Corps, noch auch mit andern Französischen Soldaten, in dergleichen Verkehr einzulassen; Wie denn auch insonderheit den sogenannten Meubleurs und Trödelleuten ernstlich untersaget wird, etwas von erwähnten Montirungs-Stücken an sich zu kaufen, immaßen sie außerdem nicht nur zum unentgeldlichen Wiederersatz werden angehalten, sondern auch nach Befinden noch über dieses in besondere Strafe werden genommen werden. (Poppe 1848, S. 113f.)

Der genannte "Herr General" war Jean Gaspard Pascal René (1768–1808), Brigadegeneral und seit dem 29. Oktober 1806 Verwalter der Stelle eines Oberkommissärs und Generalintendanten in Leipzig. Er blieb in dieser Stelle bis zum 19. Dezember 1807. Es waren hingegen nicht Leipziger, die seinen frühen Tod zu verantworten hatten, sondern andalusische Guerilleros, die ihn in einen Kessel siedenden Öls tunkten.[94]

[94] Six 1934, 2. Bd. S. 356-357.

Für den 13. Februar 1807 vermerkt Poppe (1848, S. 116), dass "Se. Durchlaucht der Fürst Carl von Isenburg, Chef des für den kaiserl. franz. Dienst errichteten ersten preuß. Infanterieregiments, dessen Sammelplatz in Leipzig war, daselbst" eintraf.

Zwar war Leipzig der Sammelplatz, aber zu Isenburg hatte bereits während seines Aufenthalts in Berlin Anwärter für das neue Regiment angesammelt. Siegfried Lommatzsch berichtete, dass der von Napoleon zum Kommandanten von Berlin gemachte General Pierre Augustin Hullin[95] den Befehl gab, die Dreifaltigkeitskirche[96] in der Berliner Friedrichstadt in eine französische Kaserne umzuwandeln, und dass die Kirche dann "mit dem aus Überläufern der preußischen Armee gebildeten Isenburger Regimente belegt wurde, welches in ihr arg genug hauste" (Lommatzsch 1889, S. 72). Der geäußerte zeitliche Kontext, Schlacht von Jena und Einmarsch Napoleons in Berlin, lässt keinen Zweifel daran aufkommen, dass hier das Ende des Jahres 1806 gemeint ist. Als Schleiermacher 1809 zum Prediger der Dreifaltigkeitskirche ernannt wurde, sei die Kirche immer noch "bis an die Decke von Rauch geschwärzt, die Kirchenstühle ruiniert, die Orgel arg beschädigt" gewesen. (Lommatzsch 1889, S. 109)

Der Biograph Schleiermachers, Andreas Reich (1992, S. 63) berichtete nach Akten aus dem Archiv der Dreifaltigkeitsgemeinde, dass deren Kirchengebäude im November und Dezember 1807 [!] von französischen Soldaten und Rekruten des Isenburgschen Regiments als Quartier verwendet und dabei verwüstet wurde, hauptsächlich dadurch, dass mit sämtlichen hölzernen Dingen einschließlich der Orgelpfeifen wärmende Feuer unterhalten wurden. Das Jahr 1807 jedoch passt weder zu französischen Truppen in einer improvisierten Unterkunft noch zu Isenburg'schen Rekruten. Offensichtlich fand die Verbrennungsorgie ein Jahr zuvor statt[97]. Fast 500 Seiten später nennt Reich (1992, S. 543) denn auch als Jahr der Zerstörung der Orgel das zutreffende Jahr 1806.

Welche Zerstörungswut diese Isenburger Rekruten antrieb, klärt sich in der nächsten Mitteilung. Denn diese schließt sich stimmig an das an, was im Zeitungs-Bericht der Immediat-Friedens-Vollziehungs-Kommission vom 29. November 1807 zur Lage in Berlin zum vergangenen Jahreswechsel über ein anderes Berliner Gebäude, eine Kaserne, festgestellt wurde:

[95] Lommatzsch verwendet die seltenere Schreibweise 'Hulin'.

[96] Luftangriffe und Straßenkämpfe zerstörten diese Kirche, deren Überreste im sowjetischen Sektor lagen und 1947 gesprengt wurden.

[97] So notierte auch der Autor 'b." in Schilling 1840, S. 387: "Unglücklicher Weise zerstörten die Franzosen 1806 die Orgel der Dreifaltigkeitskirche".

> In der hiesigen Caserne des Regiments Arnim wurden im vorigen Winter, im Dezember [1806], die Truppen des Großherzogs von Hessen, im Januar und Februar [1807] die Isenburgschen hier neu errichteten Truppen einquartiert. Beyde ruinierten die Caserne im hohen Grade ...[98]

Dem folgt eine Aufstellung alles dessen, das dort demoliert und entwendet wurde. Die Truppen des Großherzogs von Hessen waren offensichtlich Kontingenttruppen seines Großherzogtums, eines Rheinbundstaates. Die Isenburg'schen dagegen waren ersichtlich keine Kontingenttruppen, denn es ist von "hier neu errichteten Truppen" die Rede. Es waren wohl die ersten Männer im Raum Berlin, die das Angebot zu Isenburgs ergreifen wollten. Ob man diese Ansammlung bereits eine Truppe nennen sollte, ist zu bezweifeln. Die sollte ja erst in Leipzig entstehen.

Für die Anwesenheit einiger, noch nicht in eine neue Uniformen gesteckte Isenburgischer Rekruten in Berlin liegt die Bestätigung eines Augenzeugen vor, des preußischen Staatsrates und Schriftstellers (Georg) Friedrich (Wilibald Ferdinand) v. Coelln (1766–1820):

> Die zurückkehrenden Selbstranzionirten, besonders die zum Isenburgischen Corps gingen, hatten ein Aeußeres, daß jedem, den sie begegneten, ein Grauen anging; schändlich sahen sie aber aus, als man ihnen Gewehr gab, ehe sie neugekleidet waren. So sah ich in Berlin einst in der Caserne in der Commandantenstraße zwey Isenburgische Rekruten sich im Exerciren üben. Es waren wahre Carrikaturen. (Coelln 1808, S. 35)

Mit dem ironischen Ausdruck 'Selbstranzionirte' wurden Kriegsgefangene bezeichnet, die der Gefangenschaft entflohen waren und dadurch gewissermaßen für sich selbst Lösegeld, Ranzion, entrichtet hatten. Vermutlich waren für ihr Äußeres die knappe und magere Kost in den Lagern der Kriegsgefangenen und ihre abgerissene alte Uniform verantwortlich. Die erwähnte "Caserne des Regiments Arnim" lag in der Neuen Commandantenstraße, die seit 1846 einfach Kommandantenstraße heißt, in Kreuzberg liegt und offensichtlich hier gemeint ist.

Ob diese in Berlin eingesammelten Bewerber für das neue Isenburger Regiment kompanieweise nach Leipzig geschickt wurden oder in einem einzigen Zug, ist nicht bekannt. Denkbar ist, dass zu Isenburg sie zum Sammelpunkt Leipzig mitnahm, als er selbst sich dorthin begab.

[98] Wiedergegeben in Granier 1913, S. 66.

Auch nachdem zu Isenburg sich nach Leipzig begeben hatte, blieb das Problem der Desertion weiterhin virulent, weniger diejenige aus den Kriegsgefangenenlagern, sondern die Desertion aus seiner neuen Truppe. Am 16. Februar 1807 erging ein weiteres Patent[99] des Raths zu Leipzig, dass, "auf königlichen Befehl, kein Bürger und Einwohner einem Isenburger zur Desertion behülflich sein, und alle in hiesigen Landen betroffen werdenden Deserteurs von den franz. und den mit ihnen verbündeten Truppen angehalten und an die nächste Garnison abgeliefert werden sollen". (Poppe 1848, S. 113). Die dort zu erwartende Behandlung war nicht durch Rücksichtnahme gekennzeichnet.

Die Einquartierung der alles andere als rücksichtsvollen Isenburger Söldner wurde den Leipzigern immer lästiger. Am 26. Februar 1807 verordnete der Rat zu Leipzig, daß "künftig auch die Miethleute, jedoch mit Ausnahme Derer, welche zugleich Hauseigenthümer sind, Isenburger ins Quartier bekommen sollen." (Poppe 1848, S. 121)

Das Elend, dass die Versorgung, Einquartierung und pure Anwesenheit dieser harschen, "ohne Wahl aus allerlei Abschaum rekrutierten"[100] Truppe über Leipzig brachte, fasste Gross in einem sehr langen und klagevollen Satz zusammen:

> Als aber mit Anfang des Monats Januar 1807 die sämmtlichen bis dahin kasernirten Isenburger auf ausdrücklichen Befehl der französischen Behörden bei den Bürgern einquartiert wurden, überdem im Monat Februar der Fürst von Isenburg, dessen persönliches Eintreffen sich bis dahin verzögert hatte, selbst nach Leipzig kam und täglich funfzig Thaler Tafelgeld erhalten mußte, womit er sich nach langen Verhandlungen begnügte, die Zahl des Corps aber nach und nach auf 72 Oberofficiere, 274 Unterofficiere und Fouriere und mehr als 2000 Gemeine nebst vielen Weibern und Kindern, indem eine nicht geringe Zahl sich zum Dienst Anmeldender gleich ihre Familie mitbrachten, sich gesteigert hatte, stiegen die Lasten bis in das Unerträgliche (...), so daß den bequartierten Bürgern eine Unterstützung von Brod und Fleisch verabreicht werden mußte, wofür in den drei Monaten Januar, Februar und März 1807 von der Rathseinnahmestube allein 9978 Thlr. 3 Gr. 6 Pf. verausgabt wurden. (Gross 1850, S. 13-15)

Die Frage der amtliche Benennung des neuen Corps wurde anscheinend erst im März 1807 festgelegt. Denn das *Journal de l'Empire* meldete am 16. März:

[99] Das Patent ist abgedruckt in Poppe 1848, S. 117.
[100] Flathe 1873, S. 8.

> Le régiment d'infanterie, qui a été formé par le prince Charles d'Isembourg, et dont il est colonel, se nomme: *Premier régiment prussien au service de France.*

In der zweiten Hälfte des März setzte sich schließlich dieses Regiment in Bewegung, und zwar auf Befehl Napoleons. Der schrieb an 15. März 1807 einen Brief[101] an den König von Sachsen, der sich offensichtlich über die quälende Anwesenheit dieses Regiments in Leipzig beschwert hatte, und versicherte ihm mit einer nicht ganz der amtlichen entsprechenden Bezeichnung, er habe befohlen, dass *le corps prussien d'Isembourg* ohne Verzug Leipzig verlasse und nach Frankreich geschickt werde. Es müsse bereits auf dem Wege sein.

Poppe (1848, S. 124) berichtet, am 23. März sei das erste Bataillon Isenburger in Richtung Frankfurt [am Main] aufgebrochen, am 30. März dann das zweite Bataillon. Damit konnten diese Quälgeister nicht mehr die Besucher der Leipziger Ostermesse belästigen, die gewöhnlich an Jubilate stattfand, im Jahr 1807 um den 19. April. Dieser Aufbruch zur Stadt hinaus erzeugte Emotionen gegensätzlicher Art:

> Die Bürger waren sehr froh über diesen Abmarsch, nicht so viele Personen weiblichen Geschlechts, da die Isenburger in ihrer sehr eleganten dunkelgrünen Uniform sich unter diesen sehr viele Freundinnen, besonders unter der dienenden Klasse, erworben hatten, welche unter Vergießung vieler Thränen sie bis vor das äußere Ranstädter Thor begleiteten. (Gross 1850, S. 15)

H. S. Werner (1844), ein Angehöriger vermutlich des ersten Bataillons, schilderte in seinem Erlebnisbericht die Leipziger als liebreich und gastfrei, was recht einseitig betrachtet wirkt, bestätigt das Herzensbrechertum der Truppe und erzählt die weiteren Begebenheiten in den folgenden Jahren aus seiner mild getünchten Sicht. Festzuhalten ist jedenfalls, dass diese grobe Truppe aus Leipzig nicht nach Osten in Richtung Polen abzog, sondern in die andere Himmelrichtung nach Westen.

Anlass zu Beschwerden gab es nicht allein in Leipzig. Am 20. März 1807 schrieb[102] Napoleon an seinen Minister der Kriegsverwaltung,

[101] *Correspondance de Napoléon Ier*, Bd. 14, S. 563. Paris: Imprimerie Impériale. 1863.

[102] *Correspondance de Napoléon Ier*, Bd. 14, S. 597f. Paris: Imprimerie Impériale. 1863.

General Jean François Aimé Dejean[103] (1749–1824), und beklagte, dass man *le régiment d'Isembourg* mit Russen aufgefüllt habe und damit seine eigenen Feinde mit Waffen ausrüste. Welches Regiment er damit meinte, ist nicht ganz klar, das ältere, 1805 aufgestellte, oder das jüngere aus dem Jahre 1806, das die Leipziger plagte. Napoleon fährt fort, er wolle unter keinen Umständen, dass man Gefangene bewaffne. Wenn er Regimenter mit Deserteuren aus Preußen aufgestellt habe, dann für polizeiliche Aufgaben, nicht für militärische. Diese Bemerkung lässt schließen, dass er das jüngere Regiment meint, dem er hier den Namen *Regiment d'Isembourg* gibt. Er wiederholt seine genauen Befehle in drei Punkten, von denen hier der erste wichtig ist: "1° qu'aucun prisonnier de guerre ne puisse être armé sous quelque prétexte que ce soit"; und schließlich solle man nur die Leute einstellen, die regelrecht dimittiert seien, nicht aber Deserteure oder Gefangene, die sich nur meldeten, um eine Gelegenheit zum Desertieren abzuwarten.

Da muss zu Isenburg ihn komplett missverstanden haben, und wohl nicht nur zu Isenburg. Denn 1805 ging es Napoleon ausdrücklich um die Aufnahme Kriegsgefangener. In seinen Befehlen Nr. 5349 aus Straßburg für La Tour d'Auvergne und Nr. 5356 aus Braunau für zu Isenburg ist zwar nicht die Rede von Kriegsgefangenen, doch das wurde mit dem Schreiben Nr. 9756 vom 5. Februar 1806 an das Kriegsministerium nachgeholt, in dem Napoleon dem Minister eindeutig den Befehl erteilt hatte:

> Le ministre écrira aussi aux colonels d'Isembourg et de la Tour d'Auvergne, pour les engager à recruter les prisonniers le plus promptement et dans le plus grand nombre possible.[104]

So schnell wie möglich und in größtmöglicher Anzahl sollten damals (Kriegs-) Gefangene rekrutiert werden. Das sollte auch für gefangene Russen gelten, wie Napoleon eine Woche später bestätigt hatte. Am 26. März 1807 donnerte er seine jetzt stark veränderte Sicht der Angelegenheit brieflich auch auf den Schreibtisch des Generals Dejean :

> Il ne faut point mettre l'ennemi dans sa forteresse, et ce système d'enrôler des prisonniers de guerre peut être funeste un jour. Je vous rends personnellement

[103] Six 1934, 1. Bd. S. 209. Dejean war vom 12 März 1802 bis 2. Januar 1819 Ministre de l'administration de la guerre.

[104] *Correspondance de Napoléon Ier*, Bd. 12, S. 12f. Paris: Imprimerie Impériale. 1862.

> responsable de l'introduction d'un prisonnier de guerre dans les régiments suisses ou même dans ceux d'Isembourg et de la Tour d'Auvergne; c'est à vous à y tenir la main.[105]

Die einfache Überlegung, dass es nicht ratsam sein kann, Fremdenlegionäre in dem Land oder Territorium einzusetzen, aus dem sie kommen und in dem sie Loyalitätskonflikten ausgesetzt sind, wird Napoleon nicht erst jetzt aufgegangen sein. Er hatte ja schon seit Jahren seine Fremdenlegionäre aus Deutschland oder Russland oder anderen Gebieten des östlich von Frankreich gelegenen Europas im Südwesten oder Süden Europas eingesetzt. Dass er diese schlichte Maßregel neuerdings so lebhaft äußerte und dabei die Russen besonders hervorhob, lässt vermuten, dass er mit einem langen Krieg gegen Russland rechnete.

Ärger mit Isenburgern nahm so schnell kein Ende. Zwei Tage nach dem Brief an Dejean, am 28. März 1807, schrieb Napoleon seinem Gouverneur von Berlin, Henri-Jacques-Guillaume Clarke[106] (1765–1818), einen Brief, in dem er sich über zu Isenburg und dessen unverständliches Verbleiben in Leipzig aufregt:

> En vérité, je ne conçois rien à ce que le régiment d'lsembourg soit encore à Leipzig; réitérez les ordres pour qu'il parte sur-le-champ; qu'est-ce que c'est donc que ce prince d'Isembourg qui croit pouvoir désobéir aux ordres? Qu'il se rende sur-le-champ à Valenciennes, où il achèvera de se recruter.[107]

Auch hier verwendete Napoleon die Bezeichnung *régiment d'lsembourg*, die unvermeidlich zu Verwechslungen führen musste. Er legte schimpfend nach:

> J'approuve fort la lettre que vous me dites avoir écrite, en date du 24, au prince d'Isembourg. Il paraît qu'il n'y a rien de ridicule comme cet homme-là.

105 *Correspondance de Napoléon Ier*, Bd. 14, S. 678. Paris: Imprimerie Impériale. 1863.

106 Six 1934, 1. Bd. S. 242-243, Dempsey (2002, S. 237) irrt darin, dass der Brief an den Kriegsminister gerichtet sei. Clarke wurde erst am 9. August 1807 in dieses Amt befördert.

107 *Correspondance de Napoléon Ier*, Bd. 14, S. 706. Paris: Imprimerie Impériale. 1863.

Zu Isenburg war also in Napoleons Augen ein lächerlicher Hanswurst, der es sich erlaubte zu versäumen, Befehle auszuführen. Der erneuerte Befehl allerdings wird ausgeführt. Ein Bataillon des neuen Regiments marschierte schon zum Datum des Briefes. Sein Bestimmungsort lag nicht im Osten, nicht in der Nähe Danzigs, sondern noch weiter westlich als Frankfurt am Main. Auf dem Weitermarsch von Mainz linksrheinisch stromabwärts wurde es bei Godesberg beobachtet. Ludwig Wilhelm Friedrich Freiherr v. Vincke vermerkte in seinem Tagebuch für den 23. April 1807:

> Sonnenaufgang in der prächtigen, Gott Lob vor der Zerstörung geretteten Ruine, schöner Tag — der Genuß der herrlichen Gegend! welcher Genuß! wäre nicht alles durch so manche Betrachtung der Gegenwart und Zukunft getrübt, wäre uns heute nicht das Regiment Isenburg begegnet.[108]

Der Herausgeber einer Biographie v. Vinckes nach dessen Tagebüchern, Ernst v. Bodelschwingh, erläuterte, der Prinz von Isenburg habe bekanntlich ein Regiment aus gefangenen Preußen für den französischen Dienst geworben. Auch hier wird die Bezeichnung 'Regiment Isenburg' für das in Leipzig aufgestellte Regiment verwendet. Selbst Werner (1844, S. 7) schreibt zunächst von dem "Regiment von Y...," also Isenburg.

Der Telegraph[109] meldete am 5. Mai 1807:

> Ein Theil der Preussischen Regimenter, von dem Fürsten von Isenburg für den Französischen Dienst organisirt, ist am 16. April in Cölln angekommen, und begiebt sich von da nach A[a]chen.

Die Pluralform der Regimenter ist auch hier übertrieben. Eine Bestätigung und Fortsetzung dieser Meldung lieferte das *Journal de l'Empire*. Doch herrscht weiterhin Verwirrung über die genaue Bezeichnung des Regiments. Jemand erfindet sogar eine neue:

> Paris 22 avril. Une partie du régiment Napoléon, levé en Prusse par le prince d'Isembourg, est arrivé, le 17 avril, à Aix-la-Chapelle.[110]

Ein "Regiment Napoleon" ist ansonsten unbekannt. Hier handelt es sich um das vorgeblich nur aus preußischen Gefangenen in Leipzig zusammenge-

[108] Bodelschwingh 1853, S. 298.
[109] *Der Telegraph*, No 126, S. 504.
[110] *Journal de l'Empire*, 23 avril 1807, S. 2.

setzte Regiment. Offensichtlich wurde es nicht für polnische Belange eingesetzt. Es wurde vielmehr an die Kanalküste geschickt, um dort auf denkbare englische Landeversuche zu warten und gegebenenfalls zu reagieren, möglicherweise auch, um Schmuggler mit englischen Waren aufzuspüren.

Das *Journal de l'Empire* vom 11. Oktober 1807 meldete aus Gent oder Gand, einem wichtigen Hafen nahe dem Ärmelkanal, dass "le premier régiment de Prusse" seit einigen Monate dort stationiert sei, nun aber abgezogen werde. Der Name stimmt jetzt, und die polenferne Aufgabe des Küstenschutzes der Nordsee bleibt erhalten, denn das *Journal de l'Empire* vom 18. Oktober 1807 vermutete, dass es nach Vlissingen oder Flessingue an der Mündung der Westerschelde in Seeland zu ziehen habe. 1808 wurde das erste Bataillon auf die iberische Halbinsel geschickt, die beiden zurückgebliebenen hatten es 1809 mit einen englischen Angriff auf Seeland zu tun. Die Überlebenden wurden gefangengenommen und in *The King's German Legion* gesteckt. Diese Truppe war 1803 gegründet worden und ist der einzige deutsche Verband, der durchgehend gegen Napoleon kämpfte.

Die Bezeichnung *régiment Napoléon* für die Isenburger Truppe aus Leipzig erzeugte frischen Ärger. Der unfreiwillige und empörte Namensgeber schrieb also am 3. Mai 1807 seinem Polizeiminister, dem Herrscher über zahllose Spionenheere, Joseph Fouché (1759–1820):

> Faites-moi connaître qui est-ce qui a baptisé dans les journaux le 1° régiment de Prusse au service de France, *régiment Napoléon*. Faites démentir cette dénomination dans les journaux qui l'ont donnée, et, si l'on peut trouver l'auteur de la lettre, dites-le au ministre de la guerre pour qu'on le punisse.[111]

Am selben Tag ging noch ein Schreiben über nichts anderes als dieselbe unerhebliche Angelegenheit heraus an Dejean:

> Monsieur Dejean, je vois dans tous les journaux que le 1° régiment de Prusse au service de France est appelé *le régiment Napoléon*. Faites-moi connaître qui est-ce qui s'est permis d'abuser ainsi de mon nom. Il vous sera facile de savoir qui est-ce qui en a écrit le premier aux journaux. Lorsque vous aurez découvert qui a donné à ce régiment cette dénomination, vous ferez mettre un article dans

[111] *Correspondance de Napoléon Ier*, Bd. 15, S. 224. Paris: Imprimerie Impériale. 1864.

le Moniteur pour la démentir; et non seulement vous défendrez qu'on s'en serve à l'avenir, mais vous en punirez sévèrement l'auteur. NAPOLÉON.[112]

Etwa ein halbes Jahr nach Aufstellung des neuen Regiments durch zu Isenburg herrschte also immer noch keine allgemeine Klarheit über dessen Namen. Kaiser und König Napoleon bemühte sogar seinen obersten Polizeichef, um zu ergründen, wer den unerwünschten Namen in Umlauf gebracht hatte, und diesen streng zu bestrafen.

Nach Werner (1844, S. 11) wurde der amtliche Name erst in Lille klargestellt und zwar Ende Juni 1807 durch die Übergabe der Regimentsfahne mit der Inschrift *Le premier régiment de Prusse* unter kaiserlichem Adler. Weitere Abenteuer dieser Formation, besonders in mediterranen Gefilden, sind bei Werner nachzulesen.

So viel zur Entstehung dieses Regiments und zu den Problemen seiner anfänglich üblichen Bezeichnung, die es nötig machten, der Frage nachzugehen, ob Blum dieses jüngere Regiment Isenburg als dasjenige gemeint haben könnte, in das Jochmann aufgenommen wurde.

5.2 Bewertung des Grades der Passung der Ereignisse zu den Quellen

Könnte es nun dieses Isenburger Regiment gewesen sein, in dem Jochmann kämpfen wollte, sei es für die Freiheit Polens, sei es um militärische Erfahrungen zu erwerben?

Ein Abgleich mit den Anhaltspunkten, die Merkel vorbrachte, ergibt für seine Darstellung folgendes. Das Regiment, von Höpfner (1850, S. 94) als Geschenk Isenburgs an Napoleon bezeichnet, war gedacht als Teil der französischen Armee. Nur war es nicht am Feldzug gegen Preußen beteiligt, schon gar nicht an der Schlacht bei Jena. Denn erst danach wurde es aufgestellt. Etwas besser ist die Bilanz für Blums Darstellung. Es handelte sich um ein französisches Regiment. Auch war sein Besitzer und diesmal nur inoffizieller Namensgeber ein Isenburger Fürst. Berüchtigt war das Regiment ebenfalls, zumal in Leipzig. An der Befreiung Polens war es nicht beteiligt. Auch bei einer sehr großzügigen Deutung des Wortes 'Nähe' steht fest, dass es nach seiner Formierung in Leipzig niemals über die Elbe oder gar in die Nähe Danzigs gekommen ist.

[112] *Correspondance de Napoléon Ier*, Bd. 15, S. 225f. Paris: Imprimerie Impériale. 1864.

Etwas problematisch ist hier der kalenderische Ablauf. Erst in der zweiten Hälfte des Novembers 1806 wurde die Bekanntmachung Isenburgs über die Gründung eines Fremdenregiments in Leipzig verbreitet. Wenn nun Jochmann einige Zeit mit Löwis über eine Beteiligung an diesem neuen Regiment debattierte, dann wäre anzunehmen, dass er frühestens Anfang Dezember sich auf den Weg dorthin machte. Offensichtlich nahm er nicht die Postkutsche, sondern ging zu Fuß, ein Stück des Weges begleitet von Löwis. Im Winter von Heidelberg nach Leipzig zu marschieren, wäre aber eine mühevolle Angelegenheit. Auf den Frühling 1807 zu warten, ginge auch nicht recht, denn da war dieses Regiment bereits unterwegs nach der Kanalküste, wobei nicht auszuschließen ist, dass man weiterhin in Mainz Rekruten aufnahm.

Dass Jochmann diesem Regiment des Fürsten zu Isenburg, "welcher im Jahre 1806 als Rheinbundfürst und Französischer Brigadegeneral Preußische Soldaten zu einer Französischen Räuberbande verführt hatte", wie Pertz (1851, S. 468) urteilte, jemals angehört hatte, ist nicht undenkbar, aber nicht sehr wahrscheinlich. Sein Einrichtungsdatum liegt dafür etwas zu spät. Aber auch bei diesem Regiment ist ein Brief aus Danzig, der die Rückkehr nach Heidelberg ankündigte, nirgendwo unterzubringen.

6.1 Das besondere Rätsel um Jochmanns Brief aus Danzig und das allgemeinere Rätsel um sein militärisches Abenteuer

Wann hätte Jochmann Danzig betreten können, um einen Brief an Löwis zu expedieren? In Danzig, so wurde zum 20. Dezember 1806 berichtet, befanden sich "nur noch einige Mannschaft in Garnison, die mehrentheils aus Invaliden und Depotsoldaten bestanden. Die englischen Schiffe hielten sich zur Abfahrt bereit."[113] Die übriggebliebenen preußischen Haupttruppen hatten sich hinter den Pregel zurückgezogen und hofften, dass der russische Bundesgenosse die Sache regele.

Zum 30. Dezember 1806 wurde vermeldet, es hätten "die Engländer noch viele Schiffsladungen Getreide aus Danzig abgeführt, wodurch nothwendigerweise in Preußen Theurung und zuletzt wirklicher Mangel entstehen muß".[114]

[113] *Kaiserl. östreichische und Königl. bairische privilegirte Allgemeine Zeitung*, Nr. 364, S. 1454, 30. Dec. 1806.
[114] *Augsburgische Ordinari Postzeitung*, Nro. 7, 8. Jan. 1807.

Auch am 5. Januar 1807 wurde Danzig noch zu den Widerstand leistenden Festungen gezählt, die dem König von Preußen übrig geblieben seien.[115]

Zum 13. Januar 1807 wurde aus Paris bekannt gegeben: ... "die große französische Armee wird in dem bisherigen Königreich Preußen Winterquartiere beziehen, und zugleich die Festungen Graudenz und Danzig blockiert halten."[116]

Zum 23. Januar wurde aus Straßburg gemeldet: "General Victor, Kommandant des 10ten Korps der Armee, hat sich in Marsch gesetzt, um während des Winters Colberg und Danzig zu erobern."[117]

Am 21. Februar 1807 war zu lesen, der "bei Colberg von einem Streifkommando" gefangene General Viktor[118] sei in Danzig angekommen",[119] und zwar nicht als Eroberer, sondern als Gefangener des Restbestandes der preußischen Armee.

Am 24. Februar wurde gemeldet: "Die Danziger Besatzung ist gegen die pohlnischen Konföderirten ausgerückt, hat sie zurückgetrieben, und eine beträchtliche Anzahl Gefangene eingebracht. Die gebohrnen Preußen darunter sind in Danzig erschossen worden."[120] Offensichtlich wegen Desertion oder Vaterlandsverrat.

Am 14. März konnte man lesen: "Der kleine Krieg, welchen die preußischen Besatzungen von Colberg und Danzig im Rücken der großen franz. Armee durch Streifparteien führen, scheint noch nicht ganz geendigt zu sein."[121]

Gegen Ende März übernahmen die Gazetten die Nachricht[122] des fünfundsechzigsten Bulletin der großen Armee, Marschall François-Joseph Lefebvre habe Danzig ganz eingeschlossen und die äußeren Umschanzungswerke angefangen.

[115] *Augsburgische Ordinari Postzeitung*, Nro. 15, 17. Jan. 1807.

[116] *Augsburgische Ordinari Postzeitung*, Nro. 18, 21. Jan. 1807.

[117] *Augsburgische Ordinari Postzeitung*, Nro. 23, 27. Jan. 1807.

[118] Gemeint ist Claude Victor Perrin, genannt Victor (1764-1841). Six 1934, 2. Bd. S. 549-550. Er wurde am 20. Januar 1807 gefangen und am 8. März gegen Blücher ausgetauscht.

[119] *Münchener politische Zeitung*, Nro. 52, 21. Februar 1807.

[120] *Augsburgische Ordinari Postzeitung*, Nro. 51, 28. Febr. 1807.

[121] *Münchener politische Zeitung*, Nro. 73, S. 193, 14. März 1807.

[122] *Münchener politische Zeitung*, Nro. 88, S. 353, 31. März 1807.

Am 28. März 1807 feuerte Napoleon[123] seinen Marschall an, kraftvoll gegen Danzig vorzugehen:

> Il n'y a dans Danzig que de la canaille, et vous avez des troupes auxquelles vous ferez faire ce que vous voudrez, si vous empêchez qu'on ne bavarde et si vous leur montrez de la confiance. ... Il faut prendre Danzig, mais pour cela il faut de l'énergie et de la décision. Vous sentez bien que je ne peux vous envoyer des troupes de l'armée contre les misérables Prussiens qui sont dans Danzig, ...

Aus Kopenhagen wurde am 25. April gemeldet, Danzig sei von der Seeseite her noch frei, aber von der Landseite rückten die französischen Laufgräben mit jedem Tag weiter gegen die Wälle der Stadt vor.[124]

Die Belagerung Danzigs dauerte bis weit in den Frühling 1807. Am 22. Mai begann der Kommandeur Friedrich Adolf v. Kalkreuth oder Kalckreuth mit den Übergabeverhandlungen, am 24. Mai wurde Danzig übergeben. Er durfte mit seinen Truppen nach Ostpreußen abrücken.

Am 25. Mai kamen eine Menge französischer Soldaten in die Stadt, und "die Weinhäuser waren gestopft voll", wie ein Augenzeuge anonym berichtete (Grüner 1808, S. 153). Am 26. Mai gab es einen "Tag der Unordnung" (S. 155), die Sieger besetzten einige der Vorfestungen. Der erfreute Napoleon ernannte Lefebvre schon am 28. Mai zum Herzog von Danzig. Kalckreuth (1809) dokumentierte die Belagerung Danzigs und deren Ausgang in einem Buch.

Zweck dieser detaillierten Darstellung ist erstens der Nachweis, dass Jochmann frühestens Anfang Juni 1807 eine Gelegenheit gehabt hätte, einen Brief aus Danzig an Löwis in Heidelberg zu versenden, und zweitens, dass die Ereignisse um Danzig in den Gazetten ausführlich dargestellt wurden und somit auch in Heidelberg bekannt gewesen sein sollte, ab wann überhaupt Post aus Danzig zu erwarten war.

Unter der Annahme, dass Jochmann im Herbst 1806 zu irgendeiner französischen Truppe geeilt war, hätte er in dieser mindestens sieben Monate ausharren müssen, bevor der Brief, der seine Rückkehr ankündigte, hätte versandt werden können. Und es hätte auch seine Truppe sich in der Danziger Gegend befinden müssen. Dafür aber gab es keinen Hinweis. Das Regiment Isenburg von 1805 wie ebenso das von 1806 wurden anderswo, in mediterranen Gefilden und an der Rheinmündung, eingesetzt. Auch das

123 *Correspondance de Napoléon Ier*, Bd. 14, S. 702. Paris: Imprimerie Impériale. 1863.

124 *Augsburgische Ordinari Postzeitung*, Nro. 110, 8 May 1807.

Baierische Regiment Isenburg war nach Baiern zurückgekehrt, ohne die Oder zu überschreiten. So muss gefolgert werden, dass Jochmann keinerlei Gelegenheit hatte, aus Danzig nach Heidelberg zu schreiben. Das bedeutet allerdings nicht, dass der angeblich Danziger Brief nicht existierte. Er mag aus einer anderen Ortschaft abgesandt worden sein.

6.2 Ein Lösungsangebot für das Rätsel des Danziger Briefs

Gleichgültig, welches Regiment betrachtet wird, das des Grafen Isenburg oder das erste des Fürsten zu Isenburg oder das spätere des Fürsten zu Isenburg, das nur anfänglich so bezeichnet wurde – *ein* Faktor passt zu keinem dieser Regimenter, und das ist Danzig und der dort angeblich abgesandte Brief.

Könnte es sein, dass an diesem von Blum überlieferten narrativen Element etwas verkehrt oder verdreht ist? Könnte es sein, dass dasjenige Wort, das Löwis gelesen oder Blum gehört oder gelesen hat, nicht Danzig war, sondern etwas Ähnliches? Löwis als baltischem Edelmann war das Wort ‘Danzig’ gewiss sehr vertraut. Blum als langjähriger Einwohner des Baltikums und Verfasser eines “Bildes aus den Ostsee-Provinzen” war der Name eines der wichtigsten Häfen der Ostsee nicht minder geläufig.

Lichtenberg (1853, S. 84) kannte den eigenartigen Homer-Fachmann, der bei dem Wort ‘angenommen’ regelmäßig ‘Agamemnon’ hörte, also in den Vorgaben der Umgebung eher das ihm Vertraute und Geläufige wahrnahm als das weniger Vertraute. Könnte im Fall des Wortes ‘Danzig’ etwas Entsprechendes aufgetreten sein?

Es gibt einen deutschen Städtenamen, der dem Namen ‘Danzig’ sehr ähnlich klingt und geschrieben dem Wort ‘Danzig’ sehr ähnlich sieht. Das ist der Name ‘Nanzig’. Heute ist dieses Wort im alltäglichen Deutsch nahezu ausgestorben. Vor mehr als zweihundert Jahren jedoch konnte es noch verständlich verwendet werden. Es ist oder war der Name der lothringischen Stadt, die Franzosen ‘Nancy’ nennen. Selbst diese französische Bezeichnung weicht im Schriftbild, zumal in damals verbreiteter, gern deutsch genannter Spitzschrift, nicht allzu stark von dem Schriftbild Danzigs ab, denn darin sehen sich ‘ig’ und ‘y’ sehr ähnlich. Auch in der Aussprache klingen ‘Danzig’ und ‘Nanzig’ nicht völlig anders.

Man darf zwar annehmen, dass die Stadt Nanzig oder Nancy einigen Bewohnern des Baltikums nicht völlig unbekannt war. Aber auf dem Gradienten der Vertrautheit wird man eine große Kluft zwischen ihr und der Stadt Danzig ansetzen dürfen.

Wenn ein nicht allzu präzise geschriebenes Wort entziffert wird, dann wird im Alltag gängigerweise zunächst die *lectio facilior* angenommen. Doch *lectio difficilior potior* ist ein methodisches Prinzip der Textkritik. Die seltenere und schwerer erklärbare Variante könnte die bessere Lesung sein.

Schließlich lassen es die geographischen Distanzen unwahrscheinlich sein, dass ein letzter Brief aus Danzig abgesandt wurde. Jochmann konnte es sich offensichtlich nicht leisten, mit der Postkutsche zu reisen, denn dann wäre er zusammen mit seinem Brief in Heidelberg eingetroffen. Er wird marschiert sein, und auf dem langen Marsch von Danzig bis Heidelberg hätte es nicht an Gelegenheiten gefehlt, weitere Briefe zu versenden. Das sehr viel näher gelegene Nancy kommt für den letzten Brief eher in Frage.

6.3 Das wahrscheinlich Geschehene

Ein Versuch sei unternommen, einen Ausflug Jochmanns zur Unterstützung Napoleons bei der vorgeblichen Befreiung Polens in die hier dargestellten Begebenheiten zeitlich und örtlich einzufügen.

Im Herbst 1806 – im Zuge der Reise Buonapartes nach Osten zu seinen und seiner Verbündeten Heeren und der zunehmenden Spannung mit Preußen – hört oder liest Jochmann die erneut genehmigte Werbung für ein französisches Fremdenregiment, das Napoleon unterstützten soll, entschließt sich, an der vom Kaiser Napoleon mitunter angedeuteten Befreiung Polens militärisch mitzuwirken, wandert von Heidelberg nach Mainz, wo dies Regiment rekrutiert wird, das keine Franzosen, sonst aber jeden Ausländer ausnahmslos ohne zudringliche Fragen aufnimmt und auch ohne militärische Erfahrung zum Offizier ernennt, lässt sich dort in das 1805 formierte Regiment Isenburg des Fürsten Carl zu Isenburg einziehen, wird mit anderen Gestalten zwecks Einkleidung, Ausrüstung und Exerzieren auf den Marsch nach Toul geschickt, merkt etappenweise, dass er an der falschen Adresse und unter üblen Gesellen gelandet ist, desertiert, nicht zuletzt wegen der in diesem Regiment üblichen Prügelstrafen, wandert von Toul zurück nach Osten, um über den Rhein nach Heidelberg zu gelangen, kommt geographisch zwingend von Toul zuerst nach der Stadt Nanzig oder Nancy oder moselfränkisch Nanzeg oder lateinisch Nanciacum, schreibt dort den letzten Brief an Löwis, um ihn auf seine Rückkehr vorzubereiten. Er könnte dann nach insgesamt sechs bis acht Wochen wieder an seinem Ausgangspunkt Heidelberg eintreffen und sein Studium fortsetzen. Diese Annahme entspricht dem Ausdruck "kurze Zeit", den Merkel verwendet, und ebenso einem temporalen Adverb, das von Blum benutzt und bisher noch nicht in Rechnung genommen wurde. Was immer Jochmanns Desertionsmotivgemenge war, er soll geschrieben haben, es bewog "ihn *bald*, die Franzosen zu verlassen" (Blum 1846, S. 55). Die hier geschätzte Zeitspanne passt zu 'bald', besser jedenfalls als alle erdenklichen Reisemöglichkeiten, die Jochmann irgendwie durch ein erobertes Danzig hätten führen können.

Man kann gewiss die Mitteilungen über Jochmanns militärisches Abenteuer, die Merkel und Blum berichten, als unmögliches, inhaltsleeres Phantasieerzeugnis betrachten und verwerfen. Auch kann man andererseits dies Abenteuer aus zusammengeleimten Stichwörtern der Quellen sich erdichten, wie Wagner, der ausführt, Jochmann sei "zeitweiliger Angehöriger der französischen Armee in Polen" (Wagner 1983, S. 597; 1999, S. 73) gewesen, und dies ausgerechnet in einem Zeitraum, in dem es kein Staatsgebilde namens Polen gab.

Hier wurde hingegen versucht, aus eingehender Betrachtung der Geschehnisse der fraglichen Zeit zu erschließen, ob diese überlieferte Erzählung über Jochmann sich in die größeren Geschehnisse der Zeit überhaupt einpassen lässt. Das Ergebnis lautet, dass dies sehr wohl möglich ist, ohne die Gutgläubigkeit oder Arglosigkeit des Lesers über Maßen anzustrengen. Da zwei unabhängige Quellenarten vorliegen, die mit einigen Irrtümern von einem Handeln Jochmanns berichten, das in das Zeitgeschehen offensichtlich hineinpasst, ist es nicht übermäßig gewagt, dieses Handeln, wenn auch nach *mutatis mutandis,* als tatsächlich vorgefallenes Geschehen anzusehen.

Zu den *mutandis* gehört eindeutig der Absendeort des angeblichen Briefes aus Danzig, denn diese preußische Festung lässt sich mit keinem der Isenburg'schen Regimenter oder auch nur mit irgendeinem anderen Fremdenregiment Napoleons verkoppeln. Auch müsste obendrein mit einem Umweg über ein noch zu eroberndes Danzig das Soldatenspielen Jochmanns viel länger fortdauern, als die zugegeben vagen, doch die Kürze herausstellenden Angaben der Quellen erlaubten.

Ersichtlich hat zudem werden können, dass Merkels Darstellungen reichlich vage sind, während Blum deutlichere Hinweise liefert, die den Möglichkeitenraum des Jochmannschen Handelns stärker einengen, doch eben nicht völlig beschneiden, so dass Jochmanns in den Quellen dargestelltes Handeln, soweit es um den Kern der Erzählung geht, als in die damaligen zeitgeschichtlichen Abläufe sich fügend und integrierend betrachtet werden kann.

Literatur

anon. (1806). *Ueber die politische Wiedergeburt von Polen. Politisches Journal nebst Anzeige von gelehrten und andern Sachen, Jahrgang 1806. Zweiter Band, Zweites Stück*, 1209-1211.

b. (1840). (=Bach, Aug. Wilh.). In Gustav Schilling (Hrsg.), *Encyclopädie der gesammten musikalischen Wissenschaften, oder Universal-Lexicon der Tonkunst* (Bd. 1. S. 387-389). Stuttgart: Franz Heinrich Köhler:

Bauer, Frank (2006). *Napoleon in Berlin. Preußens Hauptstadt unter französischer Besatzung 1806-1808*. Berlin: Berlin-Story-Verlag.

Blum, Karl Ludwig (1846). *Ein Bild aus den Ostsee-Provinzen oder Andreas von Löwis of Menar*. Berlin: Duncker und Humblot.

Bodelschwingh, Ernst von (1853). *Leben des Ober-Präsidenten Freiherrn von Vincke nach seinen Tagebüchern bearbeitet. Theil I: Das bewegte Leben, 1774 bis 1816.*

Chuquet, Arthur (1912a). *Ordres et apostilles de Napoléon (1799-1815)*, T. 3. Paris: Honoré Champion.

Chuquet, Arthur (1912b). *Ordres et apostilles de Napoléon (1799-1815)*, T. 4. Paris: Honoré Champion.

Coelln, Georg Friedrich Wilibald Ferdinand v. (1808). *Wien und Berlin in Parallele. Nebst Bemerkungen auf der Reise von Berlin nach Wien durch Schlesien über die Felder des Krieges*. Amsterdam: Peter Hammer.

Dempsey, Guy C. (2002). *Napoleon's mercenaries. Foreign units in the French Army under the Consulate and Empire, 1799-1814.* London: Greenhill Books.

Ebrard, Friedrich Clemens & Liebmann, Louis (1918). *Johann Konrad Friederich. Ein vergessener Schriftsteller*. Frankfurt am Main: Rütten und Loening.

Eckardt, Julius (1869). *Die baltischen Provinzen Rußlands. Politische und culturgeschichtliche Aufsätze* (2. Aufl.). Leipzig: Duncker & Humblot.

Elting, John R. (1988). *Swords around the throne. Napoleon's Grande Armée*. New York: The Free Press.

Fauser, Markus (1986). *"Rede, daß ich dich sehe". Carl Gustav Jochmann und die Rhetorik im Vormärz*. Hildesheim: Georg Olms. (Germanistische Texte und Studien 26)

Fieffé, Eugène (1854). *Histoire des troupes étrangères au service de France. Depuis leur origine jusqu'à nos jours et de tous les régiments levés dans les pays conquis sous la premiere république et l'empire* (2

Bde.). Paris: Librairie militaire Dumaine, libraire-éditeur de S. M. L'Empereur.

Fieffé, Eugène (1860). *Geschichte der Fremd-Truppen im Dienste Frankreichs, von ihrer Entstehung bis auf unsere Tage, sowie aller jener Regimenter, welche in den eroberten Ländern unter der ersten Republik und dem Kaiserreiche ausgehoben wurden* (2. Bde.). Deutsch von F. Symon de Carneville. München: J. Deschler'sche Buchdruckerei.

Friederich, Johann Konrad (1848, anonym publiziert). *Vierzig Jahre aus dem Leben eines Todten. Hinterlassene Papiere eines französisch--preußischen Offiziers* (1. Bd.). Tübingen: Osiander.

George (=George Cavan) (1840). 1805–1815. *Erinnerungen eines Preußen aus der Napoleonischen Zeit*. Grimma: Verlags-Comptoir.

Gottzmann, Carola L. & Petra Hörner (2007). *Lexikon der deutschsprachigen Literatur des Baltikums und St. Petersburgs. Vom Mittelalter bis zur Gegenwart* (Bd. 2). Berlin: Walter de Gruyter.

Granier, Herman (Hrsg.) (1913). *Berichte aus der Berliner Franzosenzeit 1807–1809. Nach den Akten des Berliner Geheimen Staatsarchivs und des Pariser Kriegsarchivs*. Leipzig: S. Hirzel.

Gross, Johann Carl (1850). *Erinnerungen aus den Kriegsjahren*. Leipzig: Leopold Voss.

[Grüner, Christoph C.] (1808). *Geschichte der Belagerung und Einnahme von Danzig 1807*. Leipzig: Heinrich Gräff.

Gundlach, Horst (2016). Jochmann und seine Wiederentdecker, Werner Kraft, Wilhelm Kütemeyer, Walter Benjamin. In H. Gundlach (Hrsg.), *Carl Gustav Jochmann. Spuren eines Spätaufklärers im 19. und 20. Jahrhundert* (S. 63-99). Heidelberg: Winter. (Jochmann-Studien I).

Haufe, Eberhard (Hrsg.) (1976). *Carl Gustav Jochmann. Die unzeitige Wahrheit. Aphorismen, Glossen und der Essay "Über die Öffentlichkeit"*. Weimar: Gustav Kiepenheuer.

Haufe, Eberhard (Hrsg.) (1980). *Carl Gustav Jochmann. Die unzeitige Wahrheit. Aphorismen, Glossen und der Essay "Über die Öffentlichkeit"* (2. Aufl.). Leipzig: Gustav Kiepenheuer.

Haufe, Eberhard (Hrsg.) (1990). *Carl Gustav Jochmann. Die unzeitige Wahrheit. Aphorismen, Glossen und der Essay "Über die Öffentlichkeit"* (3. Aufl.). Leipzig: Gustav Kiepenheuer.

Höpfner, Eduard von (1850). *Der Krieg von 1806 und 1807: Ein Beitrag zur Geschichte der Preußischen Armee nach den Quellen des Kriegs-Archivs bearbeitet*. (Th. 1). Berlin: Simon Schropp & Comp.

Hörmann, Ludwig (1861). Die deutschen Truppen im Dienste Frankreichs. Eine geschichtliche Skizze (Schluss). II. Nach der französischen

Revolution. *Österreichische militärische Zeitschrift, 2. Jg., 4. Bd.*, 18. Hft., S. 123-132.

Joachimsthaler, Jürgen (in Vorbereitung). "Er wollte für Polens Befreiung wirken". Carl Gustav Jochmanns "alter Lieblingswunsch". In Ulrich Kronauer & Jaan Undusk (Hrsg.), *Jochmann-Studien III.* Heidelberg: Winter.

Jochmann, Carl Gustav (1836). *Reliquien. Aus seinen nachgelassenen Papieren* (Bd. 1). Hechingen: F. X. Ridler.

Kaeuffer, Karl (1895). *Geschichte des königlich bayerischen 9. Infanterie-Regiments Wrede. Von seinem Ursprung bis zur Gegenwart* (2. Aufl.). Würzburg: Ballhorn und Cramer.

Kalckreuth, Friedrich Adolf v. (1809). *Die Belagerung von Danzig im Jahre 1807.* Posen: Johann Friedrich Kühn.

Klötzer, Wolfgang (1994). Friederich, Johann Conrad. In *Frankfurter Biographie. Personengeschichtliches Lexikon* (1. Bd., S. 222). Frankfurt am Main: Waldemar Kramer.

Kraft, Werner (1967). Einleitung. In Carl Gustav Jochmann, *Die Rückschritte der Poesie und andere Schriften*, hrsg. von Werner Kraft (S. 7-29). Frankfurt am Main: Insel.

Kraft, Werner (1972). *Carl Gustav Jochmann und sein Kreis. Zur deutschen Geistesgeschichte zwischen Aufklärung und Vormärz.* München: C. H. Beck.

Lichtenberg, Georg Christoph (1853). *Vermischte Schriften. Neue vermehrte, von dessen Söhnen veranstaltete Original-Ausgabe* (2. Bd.). Göttingen: Dieterichsche Buchhandlung.

Lommatzsch, Siegfried (1889). *Geschichte der Dreifaltigkeits-Kirche zu Berlin. Im Zusammenhange der Berliner Kirchengeschichte dargestellt. Festschrift zum Hundertundfunfzigjährigen Jubiläum der Kirche*. Berlin: Georg Reimer.

[E. M. =] Löwis of Menar, Andreas v. (1807). *Vom Leben der Erde.* Tübingen: Cotta.

Merkel, Garlieb (1830). Nekrolog [für Jochmann]. *Provinzialblattes für Kur-, Liv- und Esthland, Literärischer Begleiter des Provinzialblattes Nr. 22*, S. 89-90. (Samstag, 6. November 1830).

Merkel, Garlieb (1841). Karl Gustav Jochmann. *Abend-Zeitung, Jg. 25, Nr. 204*, Sp. 1628-1631. (Donnerstag, 26. August 1841).

Müller (Kriegsrath) (1827). *Rangliste der Königlich Preußischen Armee für das Jahr 1806 mit Nachrichten über das nachherige Verhältniß der darin aufgeführten Officiere und Militair-Beamten.* Berlin: Ernst Siegfried Mittler.

Peltier, Jean Gabriel (1812). Résumé politique au 1er juillet. *L'ambigu ou Variétés littéraires et politiques. Recueil-périodique, 37*, 732-736.

Pertz, Georg Heinrich (1851). *Das Leben des Ministers Freiherrn vom Stein, 3. Bd., 1812 bis 1814.* Berlin: G. Reimer.

Pigeard, Alain (Feb. 1994). Le régiment de Prusse, 1806–1813. *Tradition (magazine), No 85*, S. 17-21. (Leider auch per Fernleihe aus Frankreich nicht zu erhalten).

Pope, Stephe (1999). *Dictionary of the Napoleonic wars.* London: Cassell.

Poppe, Maximilian (1848). *Chronologische Übersicht der wichtigsten Begebenheiten aus den Kriegsjahren 1806-1815. Mit besonderer Beziehung auf Leipzigs Völkerschlacht und Beifügung der Original-Dokumente.* (Bd. 1, 1806-1812). Leipzig: Theodor Thomas.

Reich, Andreas (1992). *Friedrich Schleiermacher als Pfarrer an der Berliner Dreifaltigkeitskirche 1809-1834.* Berlin: Walter de Gruyter.

Simon, Gustav (1865). *Die Geschichte des reichsständischen Hauses Ysenburg und Büdingen, 2. Bd., Die Ysenburg und Büdingen'sche Hausgeschichte.* Frankfurt am Main: Heinr. Ludw. Brönner.

Six, Georges (1934). *Dictionnaire biographique des généraux & amiraux français de la révolution et de l'empire* (1792-1814) (2 Bde.). Paris: Georges Saffroy.

Smith, Digby G. (2000). *Napoleon's regiments. Battle histories of the regiments of the French army, 1792-1815.*London: Greenhill Books.

Toepke, Gustav (1903). *Die Matrikel der Universität Heidelberg* (4. Theil). Heidelberg: Carl Winter.

Wagner, Gerhard (1983). Revolution und Literatur bei Carl Gustav Jochmann. *Wissenschaftliche Zeitschrift der Karl-Marx-Universität Leipzig, Gesellschafts-und Sprachwissenschaftliche Reihe, 32*, 597-607.

Wagner, Gerhard (1999). "Blitze der Wahrheit". Heinrich Zschokke als Freund, Förderer und erster Herausgeber des deutsch-baltischen Publizisten Carl Gustav Jochmann (1789-1830). *Argovia. Jahresschrift der Historischen Gesellschaft das Kantons Aargau, 111*, 73-98.

Werner, H. S. (1844). *Süd-Europäische Kriegsgemälde. Aus den Jahren 1806-1816. Nach Selbsterlebnissen niedergeschrieben.* Berlin: Selbstverlag.

Unerforschtes zum Text und zum Verbleib des Testaments des Carl Gustav Jochmann

Die Ausgangslage

Carl Gustav Jochmann verfasste sein letztgültiges Testament in Karlsruhe am Donnerstag, 22. April 1830. Dieses Datum soll in seinem Testament stehen. Allerdings hat seit nahezu zwei Jahrhunderten niemand berichtet, er habe das originale Testament gesehen, und dieses Datum bestätigt.

Doch gibt es trotz fehlender Autopsie keinen ernsthaften Grund, das Datum zu bezweifeln. Es stand wenige Monate nach Jochmanns Tod im *Karlsruher Intelligenz- und Wochen-Blatt*, Nr. 100, S. 681, vom 16. Dezember 1830.

Diese öffentliche Feststellung in einem Presseorgan geschah zwar ohne Nennung des Namens des Augenzeugen, doch aus dem unmittelbaren Zusammenhang dieser Äußerung ergibt sich zweifelsfrei, dass es niemand anders als (Wilhelm) Christian Griesbach war, der dieses Datum der Öffentlichkeit bekanntgab. Griesbach (1772–1838), ein enger Freund Jochmanns, ein wohlhabender Industrieller und ehemaliger Oberbürgermeister Karlsruhes, musste es wissen. Jochmann hatte ihn zum Testamentsexekutor ernannt und ihm ein Exemplar seines Testaments übergeben, das zweifellos datiert war.

Jochmann hatte offenbar zwei authentische Exemplare seines Testaments angefertigt. Dafür gibt es mehrere Belege, wie im Weiteren sich zeigen wird. Entnehmen kann man einen dieser Belege aus der biographischen Darstellung, die sein Freund, der Bearbeiter seines literarischen Nachlasses, der in Aarau im Kanton Aargau lebende Heinrich Zschokke (1771–1848), publizierte, zunächst im ersten Teil des *Prometheus* (1832) und danach im ersten Band der *Reliquien* (1832), der Sammlung der nachgelassenen Schriften Jochmanns.

Dort heißt es zum einen, vor seiner Abreise aus Karlsruhe im Mai 1830 legte Jochmann "seinen letzten Willen bei einem seiner Freunde in Karlsruhe, Herrn Chr[istian] Griesbach, nieder" (Zschokke 1832, S. 146; 1836, S. 79). Daraus ergab sich eine Suche nach dem Original-Testament Jochmanns in Karlsruhe. Dort kamen zwei Stellen in Frage.

Im Generallandesarchiv Karlsruhe liegt die Akte GLA 206/Nr. 1297 vor, betitelt: Die Eröffnung des Testaments des † Consulent Carl Gustav Jochmann aus Riga. Darin befindet sich ein ausführlicher Schriftwechsel, aus dem hier zu zitieren sein wird, aber das Testament ist nicht enthalten.

Da nicht auszuschließen ist, dass Griesbach das Testament seines Freundes bei sich behielt, um als Exekutor die verschiedenen Vermächtnisse abzuarbeiten, wurde der Griesbach'sche Nachlass im Stadtarchiv Karlsruhe[1] durchgesehen, doch auch dort ergab sich kein Erfolg.

Zschokkes weitere Angaben veranlassten, die Suche nach dem Testament auf Sachsen-Anhalt auszudehnen. Das ergab sich aus folgendem Grund. Im Mai 1830 verließ Jochmann Karlsruhe und begab sich auf eine Reise ohne Wiederkehr. Da sich seine frühzeitige Zuversicht, eine homöopathische Kur habe seine Gesundheit wiederhergestellt, als trügerisch erwiesen hatte, setzte er seine letzte Hoffnung in eine Behandlung durch den Schöpfer dieser damals neuen und mit manchem Wunderglauben bekränzten Heilkunst persönlich, Samuel Hahnemann (1755–1843). Er lebte derzeit als Herzoglicher Leibarzt in Köthen an der Ziethen, der Haupt- und Residenzstadt des Duodez-Herzogtums Anhalt-Köthen.

Jochmann erreichte sein angestrebtes Ziel nicht mehr. Am Donnerstag, den 3. Juni 1830, gelangte er nach Naumburg an der Saale in der preußischen Provinz Sachsen und logierte sich im Gasthaus Preußischer Hof ein, geplagt von Fieber und Lungenbluten. Außerstande, die Reise über Merseburg und Halle bis nach Köthen fortzusetzen, konsultierte er vor Ort den Arzt Johann Ernst Stapf (1788–1860), einen Anhänger Hahnemanns und der Homöopathie. Doch am Samstag, 24. Juli 1830, starb Jochmann in Naumburg. Er wurde vier Tage[2] später dort beerdigt.

Dazu schrieb Zschokke: "Man fand auf seinen Tische ein Briefpäckchen, mit der Aufschrift: 'Gleich nach meinem Tode zu eröffnen.' Es enthielt, nebst seinem letzten Willen, ..." (Zschokke 1832, S. 147; 1836, S. 80). Somit bestätigte er, dass Jochmann zwei authentische Exemplare seines Testaments niedergeschrieben hatte. Dasjenige, das er auf seiner Reise mit sich führte, wäre heute womöglich in Naumburg oder in dessen Nähe zu suchen.

Was nach Jochmanns Tod in Naumburg in Sachen seines dort aufgefundenen Testaments geschah, ist bisher völlig unbekannt geblieben. Es ergibt

[1] Bestand 7/Nl Griesbach – Nachlass Wilhelm Christian Griesbach.
[2] Angaben nach Haufe 1990, S. 274; 2001, S. 129.

sich aber aus der erwähnten Akte im Generallandesarchiv Karlsruhe, dass zunächst das Landgericht Naumburg mit dieser Nachlasssache befasst wurde, welche sie aber geschwind an das übergeordnete, für die preußische Provinz Sachsen zuständige Oberlandesgericht Naumburg weiterreichte. Dieses bestimmte den Hofrat Friedrich August Tellemann (1790–1872) zum Kurator der Angelegenheit. Aus diesen Gegebenheiten empfahl sich die Suche nach dem zweiten Original-Testament in Sachsen-Anhalt, Nachfolger der preußischen Provinz Sachsen:

Die Anfrage an das Landesarchiv Sachsen-Anhalt in Merseburg führte zu einer Suche im Bestand C 125 Oberlandesgericht/Appellationsgericht Naumburg (1075-1910), darin besonders unter Punkt 07. Zivil- und Nachlasssachen (1764-1887). Eine Nachlasssache Carl Gustav Jochmann konnte jedoch dabei nicht ermittelt werden und folglich auch kein Testament.[3]

Es gab noch eine weitere Hoffnung. Tellemann besaß die Eigenheit, Gerichtsakten auf seinen Hof Walbeck mitzunehmen und nicht mehr in das Gericht zurückzubringen. Da Tellemanns eigener Nachlass, der auch die von ihm zu Hause aufbewahrten Nachlassakten anderer Personen enthält, als Bestand Gutsarchiv Walbeck im Landesarchiv Sachsen-Anhalt nicht in Merseburg, sondern in dessen Abteilung Magdeburg, Standort Wernigerode, liegt, wurden dort die einschlägigen Aktenkonvolute H 242 03.03.06 4601-4611 persönlich durchgesehen, leider ohne auf eine Akte Jochmann oder gar auf sein Testament zu stoßen.

Dass Jochmann zwei authentische Exemplare verfasst hatte, zeigt sich nicht nur durch Zschokkes Darstellung. Die im Folgenden behandelten Unterlagen bestätigen es. Es ist nicht auszuschließen, dass der Zufall eines Tages ein Original-Testament ans Tageslicht befördert. Heute müssen beide Exemplare als verschollen gelten. Es darf auch spekuliert werden, dass Zschokke eins der Exemplare besessen hat, denn er zitiert das Testament wörtlich (Zschokke 1832, S. 147; 1836, S. 80). Das hilft jedoch nicht weiter. Jochmanns Papiere, die Zschokke als dessen Vermächtnis besaß, sind vernichtet oder verschollen.

Immerhin existiert heute noch eine Abschrift des Jochmann'schen Testaments, mit der gegenwärtig Vorlieb genommen werden muss. Über sie wird im Weiteren zu berichten sein.

[3] Auskunft des Landesarchivs Sachsen-Anhalt, Abteilung 3, Merseburg, vom 7. 8. 2018.

Die amtliche Bearbeitung der Nachlasssache Jochmann in Karlsruhe

In Karlsruhe wurde Griesbach aktiv, nachdem er auf unbekannten Wegen erfahren hatte, dass Jochmann verstorben sei. Es muss angenommen werden, dass er Ende September 1830 vom Tod seines Freundes erfahren hatte, denn er wandte sich am Freitag, 1. Oktober 1830, mit folgendem Schreiben an die zuständige Karlsruher städtische Behörde:

> Großherzoglich hochloebliches Stadt Amt !
> Die Eröffnung des Testaments des verstorbenen Consulenten Jochmann aus Riga betr.
> Herr Consulent Jochmann aus Riga hatte sich hier seit mehreren Jahren abwechselnd aufgehalten, und als er im vergangenen Winter kränklich wurde, ein versiegeltes Testament bey mir hinterlegt; spätherhin verreiste er nach Sachsen. Seine Krankheit verschlimmerte sich daselbst und er verstarb zu Naumburg an der Saale den 24sten July d[es] J[ahres].
> Über diesen Todesfall besize ich nur Nachrichten von seinen Freunden.
> Da nun zur Eröffnung des lezten Willens ein beglaubigter Todesschein nötig seyn wird, so ersuche ich das Großherzogliche StadtAmt gehorsamst, solchen von der geeigneten Behörde in Naumburg an der Saale zu requiriren, und mir nach Eingang desselben gefälligst Kentniss davon zu geben.
> Karlsruhe 1sten October 1830
> Chr. Griesbach[4]

Wer diese Freunde waren, die ihm die Nachricht des Todes übermittelt hatten, wird nicht ausgesprochen. Es wird wohl sein letzter Arzt, Johann Ernst Stapf, gewesen sein, dem Jochmann mutmaßlich Namen und Anschrift Griesbachs anvertraut hatte. Das Karlsruher Stadtamt wurde bereits am nächsten Tag tätig und beschloss, ein unerlässliches Ansuchen an Naumburg zu richten.

> Beschluß n. 2 8br[5] 1830.
> Jezt folgendes Schreiben zu erlassen:
> Nr. 12972
> Das Großherz[og]l[iche] Bad[ische] StadtAmt Carlsruhe
> an das
> Königl[ich] Preußische Landgericht Naumburg
> In Betreff

[4] GLA 206/Nr. 1297, Bl. 2.
[5] Zu verstehen als 2. Oktober.

> Nach einer hier eingegangenen Nachricht soll am am 24ten July d[es] J[ahres] zu Naumburg Consulent Jochmann aus Riga gestorben sein. Derselbe hatte vor seiner Abreise dahier bey einem Privatmann ein Testament deponirt, und zur Eröffnung desselben ist erforderlich, zu wissen, ob sich die Nachricht von dem Tode des Consulent Jochmann bestätige.
>
> Wir ersuchen daher [unleserlich], im Falle Cons[ulent] Jochmann in Naumburg wirklich verstorben sein sollte, uns einen Todesschein gefälligst übersenden zu wollen, und erbieten uns zugleich mit Vergnügen zu etwaigen Gegenleistungen.
>
> b[e]gl[aubigt] B.[6]

Das Schriftstück, dessen Entwurf hier zitiert ist, wurde offensichtlich vom zuständigen Amtssekretär niedergeschrieben. Das angeschriebene Königlich Preußische Landgericht in Naumburg erhielt es auch, reagierte aber mit seiner späten Antwort vom 9. November 1830 merkwürdig verzögert. Diese Entgegnung soll unten im weiteren Kalenderablauf behandelt werden.

Zunächst wurde am 23. Oktober 1830 der Geschäftsträger des Zaren der russischen Gesandtschaft am Großherzoglichen Hofe in Karlsruhe rege, der wirkliche Staatsrat Freiherr Paul Friedrich Wilhelm von Moltke, russisch Pawel Fjodorowitsch Moltke[7]. Denn Jochmann war russischer Untertan ebenso wie seine Schwester. Moltke richtete sich an das Ministerium des Großherzoglichen Hauses und der auswärtigen Angelegenheiten in Verfolgung einer Bitte des Fräuleins Wilhelmine Jochmann aus Riga, Jochmanns Schwester und Erbin. Genauso wenig, wie bekannt ist, wer Griesbach vom Tode Jochmanns informierte, ist bekannt, wer oder welche Stelle seine Schwester ins Bild setzte. Es mag das Landgericht Naumburg oder das dortige Oberlandesgericht oder sonst jemand aus Naumburg gewesen sein. Unwahrscheinlich, aber nicht auszuschließen ist Griesbach, doch war noch nicht die amtliche Sterbeurkunde in Karlsruhe eingetroffen, so dass er wohl Abstand davon nahm, voreilig betrübliche Nachrichten zu verbreiten.

6 GLA 206/Nr. 1297, Bl. 3 recto. Das für Naumburg bestimmte Original dieses Schreibens ist nicht auffindbar. ‘B.’ steht wohl für Carl Baumgärtner, s. u.

7 Moltke, geboren 1786 in Ludwigslust im Herzogtum Mecklenburg-Schwerin, verstorben 1846 in Karlsruhe, war offensichtlich kein russischer Staatsangehöriger. 1830 wurde er Träger des Ordens des Heiligen Wladimir 4. Klasse mit Schleife.

Gleichermaßen ist unbekannt, welche Schritte dazu führten, dass der *Chargé d'affaires* Moltke in Karlsruhe sich um diese Erbschaft zu kümmern hatte. Moltke führte aus:

> Le Soussigné, Chargé d'affaires de sa Majesté, L'Empereur de toutes les Russies, vient d'être informé par le Ministère Impérial, que Mlle Wilhelmine Jochmann, démeurante à Riga, a instruit le Gouvernement civil de la Livonie, que son frère Mr Charles Gustave Jochmann, avocat du tribunal de Riga, après avoir passé plusieurs années à Carlsruhe, est mort à Naumbourg sur la Saale, lors d'un voyage, qu'il avait entrepris pour sa santé et a laissé un testament et une spécification de la succession, documens qui selon sa Soeur doivent avoir été envoyés de Naumbourg aux autorités locales de Naumbourg.
>
> Mlle Jochmann, s'étant adressée au Gouvernement Impérial avec la prière, que les dites pièces fussent transmises au tribunal de Riga, /. das Landgericht zu Riga ./ le Soussigné a été chargé de reclamer l'intervention bienveillante, de son Exc[ellence] M^r^ le Bon de Berstett, Ministre x. x. pour obtenir l'extradition de ces papiers en original, afin de les expédier à qui de droit.
>
> Le Soussigné a l'honneur de s'acquitter ici de cette commission, et s'empresse d'offrir à Son Excellence M^r^ le Baron de Berstett l'assurance x. x.
>
> Carlsruhe le 11/23 Octobre.[8]
>
> /. Signé ./ Bon de Moltke.[9]

Der Gesandte trug vor, ein Kaiserliches Ministerium habe ihn informiert, Jochmanns Schwester aus Riga habe die Zivilregierung des russischen Gouvernements Livland über den Tod ihres Bruders ins Bild gesetzt und auch darüber, dass ein Testament vorliegen müsse, welches örtlichen Behörden in Naumburg übergeben sein müsse. Da die Schwester an das Gouvernement die Bitte gerichtet habe zu erwirken, dass diese Dokumente an das Landgericht Riga geschickt würden, sei er, der russische Gesandte, gebeten worden, seiner Exzellenz dem Minister, Freiherrn v. Berstett, die

[8] Das doppelte Datum nennt an erster Stelle die Tageszahl nach dem in Russland üblichen Julianischen Kalender, an zweiter Stelle nach dem Gregorianischen.

[9] GLA 206/Nr. 1297, Bl. 4 verso. Es handelt sich nicht das um das originale Schreiben, sondern um eine Abschrift, die vom Ministerium an das Stadtamt geschickt wurde. Fehler sind möglicherweise, Abkürzungen der Höflichkeitsfloskeln mit Sicherheit dem Kopisten zuzuschreiben. Das Originalschreiben, dass sich im Generallandesarchiv unter 48/2695, Korrespondenz des kaiserlich-russischen Geschäftsträgers Baron von Moltke mit den Staatsministern Freiherrn von Berstett, von Türckheim und von Blittersdorff sowie mit Staatsrat Jolly, Laufzeit 1829–1840, abgelegt sein sollte, wurde dort nicht angetroffen.

Bitte vorzutragen, diese Papiere zu erhalten, damit er sie an die zuständige Stelle entsenden könne; etc; etc. Wilhelm Ludwig Leopold Reinhard Freiherr v. Berstett (1769–1837) war zu dieser Zeit Präsident des badischen Staatsministeriums und Kabinettsminister für auswärtige Angelegenheiten.

Dieser Brief des Gesandten des Zaren gibt Rätsel auf. Dass Wilhelmine Jochmann von Tod ihres Bruders erfahren hatte, ist zwar nicht erstaunlich, wenn auch unbekannt ist, auf welchem Wege dies geschah. Wenn sie aber annahm und vorgetragen hatte, sein Testament liege bei den Behörden in Naumburg, dann ist unbegreiflich, weshalb nicht der russische Botschafter in Berlin beauftragt wurde, der Sache nachzugehen. Immerhin lag Naumburg keineswegs in Baden, sondern in Preußen, genauer in der preußischen Provinz Sachsen im Regierungsbezirk Merseburg-Erfurt. Nicht auszuschließen ist, dass sich irgendwo in der Informationskette ein Fehler eingeschlichen hatte, der den weiteren Instanzen nicht auffiel und einfach abgeschrieben wurde. Andererseits wird Wilhelmine gewusst haben, dass ihr Bruder in Karlsruhe ansässig war, so dass die Bemühungen des russischen Chargé d'affaires v. Moltke in Baden nicht umsonst waren. Vermutlich war ihr auch Jochmanns Freund, der in Riga ansässige Conrad Heinrich v. Sengbusch, in dieser Sache behilflich gewesen.

Geheimnisvoll ist weiterhin, dass Wilhelmine Jochmann es für nötig hielt und es ihr auch gelang, höchste staatliche Stellen in den Hauptstädten St. Petersburg und Karlsruhe dafür einzuspannen, dass Jochmanns Testament nach Riga überbracht werde. Wer oder welche Stelle auch immer sie informiert haben mochte, hatte jedenfalls das Testament nicht beigelegt.

Wie immer diese Rätsel aufzulösen sind, das Ministerium des Großherzoglichen Hauses und der auswärtigen Angelegenheiten nahm sich der Bitte des russischen Gesandten an und beschloss:

> N^ro^ 2859. Carlsruhe den 25ten Oktober 1830
> Note der Kaiserlich Russischen Gesandtschaft dahier vom 23^n^ curr[entis] das Testament und Vermögensverzeichniß des zu Naumburg verstorbenen Carl Gustav Jochmann von Riga betreffend.
>
> Beschluß
>
> Dem Großherzoglichen Stadtamt ist Abschrift dieser Note mit dem Auftrag zuzusenden, die fraglichen Urkunden, wenn sie dortseits beruhen und ihre Ausfolgung keinem Bedenken unterliegt, baldigst anher gelangen zu lassen, im entgegengesezten Falle aber, besonders wegen Unstatthaftigkeit der Ausfolgung, zu berichten.

Bey Verhinderung des Ministers
Jolly

v. Berckheim.[10]

Karl Christian v. Berckheim (1774–1849) war der damalige Innenminister, Isaak Jolly (1785–1852) der zuständige Mann, zwar kein Minister, aber Geheimer Rat II. Klasse im Ministerium der auswärtigen Angelegenheiten mit Sitz und Stimme im Staatsministerium.

Das Karlsruher Stadtamt erhielt die zitierte Abschrift am 28. Oktober 1830. Da Griesbach dort bereits schriftlich vorstellig geworden war, wusste man Bescheid und ordnete noch am selben Tage an:

Nr. 116113.
N. A. K[arls]ruhe, den 28ten 8ber 1830.
Aufforderung an Ex[cellenz] Oberbürgermeister Griesbach, das in seinen Händen befindliche Testament und sonstige Papiere des Consulenten C. G. Jochmann von Riga vorzulegen.

b[e]gl[aubigt]

exped[irt] d[en] 29.

Großh[erzoglisches] StadtAmt dahier.[11]

Dieser Aufforderung wird offensichtlich nachgekommen, denn am Dienstag, 9. November 1830, konnte der Geheime Rat, Polizei- und Stadtdirektor Carl Baumgärtner (1787–1844) eine Aktennotiz anlegen, aus der unter anderem zu schlussfolgern ist, dass der beim Landgericht Naumburg angeforderte Todesschein, aus welchen Gründen auch immer, nicht mehr für erforderlich gehalten wurde. Eine Antwort und zwar ohne den gewünschten Schein wurde dort erst am selben 9. November aufgesetzt und hatte Karlsruhe noch nicht erreichen können.

Der wichtigste Grund, den Schein nunmehr für entbehrlich zu halten, mag die Bekundung des russischen Gesandten gewesen sein, dass Mademoiselle Jochmann Jochmanns Tod bezeugt habe. Weiteres Warten auf die saumselige Naumburger Behörde hätte diplomatischen Ärger mit dem russischen Geschäftsführer nach sich ziehen können. Baumgärtner hielt wie folgt das gemäß der Anordnung Geschehene fest, die Eröffnung des Testaments im Stadtamt:

[10] GLA 206/Nr. 1297, Bl. 4 recto.
[11] GLA 206/Nr. 1297, Bl. 4 recto.

Von Herrn Oberbürgermeister Christian Griesbach wird das Testament des zu Naumburg verstorbenen Advokaten Karl Gustav Jochmann aus Riga, welches derselbe vor dessen Abreise von hier in seine Hände deponirt habe, mit der Bitte um Eröffnung und Beurkundung übergeben.
Das übergebene Actenstück befindet sich in einem Umschlage von Postpapier in Briefform mit einem Siegel geschlossen, auf welchem die Buchstaben C. G. J. befindlich sind. Die Rückseite enthält die Ueberschrift:
"Mein Lezter Wille. Sogleich nach meinem Tode zu eröffnen."
"CGJochmann"
Nachdem das Siegel als unverletzt anerkannt wurde, so hat man den Umschlag geöffnet.

Die in demselben befindliche Urkunde besteht aus 2 mit Fäden zusammengenähten halben Bögen in Briefpapierformat. Die ersten sechs Seiten sind durchaus beschrieben, auf der 7ten Seite befinden sich noch drei Seiten [recte: Zeilen] nebst dem Datum und der Unterschrift, die 8te Seite ist leer. Die Anfangsworte des Testamentes lauten:
"Der Zustand meiner Gesundheit veranlaßt mich" cp
Die Schlußworte lauten:
" auf jede Seite desselben eigenhändig unterschrieben."
Das Datum lautet:
"Karlsruhe den 22. April 1830."
Die Unterschrift am Ende des Testaments ist:
"CGJochmann."
Dieselbe Unterschrift befindet sich unten an jeder der 6 übrigen beschriebenen Seiten. Sämtliche Schriften und Unterschriften sind von einer und der nämlichen Hand geschrieben.

Nach geschehener Eröffnung hat man dem H[err]n Oberbürgermeister Griesbach den Inhalt durch deutliches Vorlesen publicirt.

Dessen zur Urkund.

Griesbach.[12] [Diese Zeile stammt autographisch von Griesbach]

Noch am selben Tag, dem 9. November 1830, notierte vermutlich v. Berstett für sein Sekretariat, was im Weiteren zu tun und aufzusetzen sei. Die Liste ist recht umfangreich und in nicht sehr leserlicher Handschrift ausgeführt. Doch offensichtlich wurde sie im Sekretariat abgearbeitet, wie die Kürzel am Ende der Liste zeigen.

Nr. 15103 Beschluss

1., ist das Originaltestament in fine wie folgt zu beurkunden:

[12] GLA 206/Nr. 1297, Bl. 5 + 6 recto.

Es wird hierdurch beurkundet, daß vorstehendes Document heute von Handelsm[ann] Christian Griesbach dahier mit der Erklärung übergeben worden ist, daß der nunmehr verstorbene Advokat Karl Gustav Jochmann aus Riga solches als dessen letzten Willen in seine Hände deponirt habe.

2., dem Gr[oßherzoglichen] Amtsrevisorat ist das Originaltestament[13] gegen Bescheinigung zu übersenden, mit dem Auftrag, dasselbe den hier betheiligten Legatarien zu publiciren, den dahier befindlichen Nachlaß unter Zuzug des darin ernannten Testamentsexecutors Handelsm[ann] Griesbach zu verzeichnen, und den letztern anzuweisen, sich wegen des Vollzugs mit dem weiter benannten Testamentsexecutor Conrad Heinr[ich] v. Senkbusch [!] in Riga zu benehmen. Hierbei wird bemerkt, daß von hier aus der Kais[erlich] Russischen Gesandtschaft zur weitern Beförderung an die betreffenden Gerichtsbehörden so wie auch dem Königl[ich] Preußischen Landgericht in Naumburg nicht minder dem Stadtgericht der freien Stadt Frankfurt Abschriften des Testaments zugefertigt werden.

3., dem Königl[ich] Preußischen Landgericht Naumburg ist Abschrift des Testaments, welches der zu Naumburg † Licenziat Karl Gustav Jochmann aus Riga in den Händen des Handelsmann X.stian Griesbach dahier zurückgelassen hatte, mitzutheilen und Kraft demselben in Bezug auf den § 3 letzten Willens die weiter geeignete Verfügung anheim zu geben.

4., dem hochlöblichen Stadtgericht der fr[eien] Stadt Frankfurt ist ebenfalls eine Abschrift des Testaments mitzutheilen mit dem Ersuchen, dem H[errn] B. Metzler seligen Sohn et C^nie^ daselbst von dem § 12^b^ Eröffnung zu machen und das Insinuationsdocument gefällig anher zu übersenden.

5., Gef[lissentlicher] Bericht an das Gr[oßherzogliche] hochpr[eisliche] Ministerium des Hauses u[nd] der äußer[en] Angelegenheiten:

ad M. 2859 n. 25 / n.st

das Testament und Vermögensverzeichnis des zu Naumburg † Carl Gustav Jochmann betr.

Auf die Eingangs abagirte hohe Verfügung hat der Handelsm[ann] X.stian Griesbach dahier das in seinen Händen befindliche Testament des † Adv[okaten] Karl Gust[av] Jochmann aus Riga vorgelegt. Aus demselben ergiebt sich, daß es neben der Einsetzung von Haupterben auch verschiedene gar nicht unbedeutende Legate nicht nur in seiner Heimath und in dem Sterborte, sondern besonders auch hier im Lande ausgesetzt, und für den hier und in Frankfurt befindlichen Nachlaß einen besondern Testamentsexecutor in der Person des Handelsm[annes] Chr[istian] Griesbach dahier ernannt, für das in Rußland

[13] Erfolglos blieb die Suche nach Jochmanns Original-Testament in den einschlägigen Verzeichnissen der Bestände des Stadt-Amts-Revisorats Karlsruhe, das die Funktion eines Notariats erfüllte (Generallandesarchiv Karlsruhe: 270 Register 19, 270 Register 20, 270 Register 29, 270 Register 30, 270 Register 47, 270 Register 48, 270 Register 52, 270 Register 53).

zurückgelassene Vermögen aber den Konrad Heinr[ich] v. Senkbusch [!] zu Riga als Vollzieher seines letzten Willens erwählt hat; über seine Papiere aber ist die Bestimmung getroffen, daß solche dem Herrn Heinr[ich] Zschocke [!] in Aarau zugestellt werden sollen. Unter diesen Umständen glauben wir Bedenken tragen zu müßen, den Nachlaß unbedingt an die Kais[erlich] Russische Behörde zu verabfolgen, sondern wir halten zur Erledigung der Eröffnung des hier und zu Frankfurt befindlichen Nachlasses die hiesige Theilungsbehörde um so mehr für competent, als ohnedies der Verstorbene seinen letzten ständigen Wohnsitz d[a]h[ie]r gehabt hatte. Deßhalb haben wir das Gr[oßherzogliche] Amtsrevisorat bereits angewiesen, das Testament den hiesigen Legatarien zu publiciren, die dahier befindliche Verlassenschaft unter Zuzug des Testam[ents]-Executors Handelsm[ann] Griesbach zu ve[r]zeichnen u[nd] den Letzteren zu veranlassen, sich mit dem weitern Testamentsexekutor Konr[ad] Heinr[ich] v. Senkbusch [!] in Riga zu benehmen.

Zur sachgefälligen Mittheilung an die Kais[erlich] Russ[ische] Gesandtschaft schließen wir einstweilen eine legalisirte Abschrift des Testamentes gef[lissentlich] an, damit die Publication an die in Rußland befindlichen Erben in Legatarien u[nd] die Erbtheilung des dortigen Nachlasses in gesetzlicher Ordnung geschehen könne. Sollte das Originaltestament verlangt werden, so sind wir bereit dasselbe ebenfalls mitzutheilen.

Wir bemerken noch, daß wir dem Königl[ich] Preuß[ischen] Landgericht zu Naumburg so wie dem Stadtger[icht] der fr[eien] Stadt Frankfurt, in Bezug auf die jene Behörden betr[effenden] Bestimmungen Abschriften des Testaments zugefertigt haben.

[Notizen des Sekretariats:]
b[e]gl[aubigt] exped den 9. Nov 1830
Gesch[rieben] w[ie] oben
Groß act[tuarius] juris[14]

Merkwürdig ist, dass dem Landgericht zu Naumburg eine Abschrift der diese Behörde betreffenden Bestimmungen zugefertigt wurde. Erstens sollte man annehmen dürfen, dass Jochmanns Reise-Exemplar des Testaments in Naumburg vorlag. Doch hatte sich das Landgericht bisher noch nicht in Karlsruhe bemerkbar gemacht, und so mag man sich in Karlsruhe gedacht haben, dass dort kein Testament vorliege, ein Sachverhalt, der sich erst später klärte.

Dass dem Stadtgericht zu Frankfurt eine entsprechende Abschrift angefertigt wurde, ist dagegen selbstverständlich.

[14] GLA 206/Nr. 1297, Bl. 6 verso, Bl. 7 + 8.

Dass der russischen Gesandtschaft nicht nur ein Auszug mit den Russland betreffenden Bestimmungen zur Verfügung gestellt wird, sondern eine legalisierte Abschrift des gesamten Testaments ist sinnvoll, lebte doch die Haupterbin in der damals russischen Stadt Riga. Es wird sogar die Bereitschaft bekundet, erforderlichenfalls das originale Testament zuzustellen. Es gibt allerdings keinen Hinweis, dass dies erforderlich wurde.

Die hier angeordnete amtlich beglaubigte Abschrift für das Landgericht Riga hat sich allem Anschein nach erhalten, wie weiter unten zu zeigen.

Zufällig am selben 9. November 1830, an dem die zitierte Aufgabenliste zusammengestellt wurde, setzte das Amtsgericht Naumburg seine Antwort auf die Anfrage des Stadtamtes Karlsruhe auf. Der angefragte Todesschein über Jochmann lag anscheinend nicht bei. Es hatte sich bereits von der Verantwortung für den Vorgang entbunden.

> An E[in] Großherzogl[iches] Wohllöbl[iches] Stadtamt zu Carlsruhe.
>
> Einem Großherzogl[ich] Wohllöbl[ichen] Stadtamt zu Carlsruhe, erwiedern wir auf die geehrte Requisition vom 2. Oct[o]b[e]r c[ausa] die Eröffnung des Jochmannschen Testaments betr[effend], daß wir selbige, an das hiesige Königl[iche] Oberlandesgericht zur weitern Verfügung abgegeben haben, und Wohldaßelbe von dieser Behörde mit weiterer Nachricht verfahren werden wird.
>
> Naumburg an der Saale am 9. Nov[em]b[e]r 1830
>
> Königl[ich] Preuß[isches] Landgericht
>
> Richter.[15]

Anscheinend war dieses Landgericht für die Behandlung des Testaments mit seinen internationalen Auswirkungen in den fünf Staaten Baden, Frankfurt, Preußen, Russland und der Schweiz nicht mit hinreichenden Kompetenzen ausgestattet. Das gleichfalls in Naumburg ansässige Oberlandesgericht, zuständig für den Regierungsbezirk Merseburg und Erfurt, wandte sich am 22. November an das Stadtamt Karlsruhe und bestätigte nun endlich amtlich Jochmanns Tod, eingetreten am 24. Juli 1830 in Naumburg.

> An das Großherzogl[ich] Badensche Wohllöbl[iche] Stadt-Amt
>
> zu Carlsruhe
>
> Auf das an das hiesige Königl[iche] Landgericht gerichtete und an uns abgegebene geehrte Schreiben vom 2ten October d[es] J[ahres] erwiedern wir ergebenst, daß der Advocat Gustav Jochmann aus Riga allerdings am 24ten July

[15] GLA 206/Nr. 1297, Bl. 9 recto.

d[es] J[ahres] hieselbst verstorben ist und daß sich in seinem hiesigen Nachlasse gleichfalls eine außergerichtliche letztwillige Disposition d[e] d[ato] Carlsruhe den 22.ⁿ August [!] 1830 vorgefunden hat.
Wir bemerken übrigens, daß wir den hiesigen Justiz-Commissarius Hofrath Tellemann zum Curator des hiesigen Nachlasses bestellt haben, welcher auch bereits mit den Erben wegen Ausantwortung desselben in Correspondenz getreten ist.
Naumburg den 22.ⁿ November 1830.
Königl[ich] Preuß[isches] Ober-Landes-Gericht von Sachsen.[16]

Anscheinend ist dem Oberlandesgericht oder dessen Sekretär nicht aufgefallen, dass es notwendig ominös erscheinen muss, wenn ein Testament vier Wochen nach dem Ableben des Erblassers aufgesetzt und unterzeichnet wurde. Statt 'August' war doch wohl 'April' gemeint. Wenn hier, wie zu hoffen, nichts weiter vorliegt als eine Fehlleistung des Sekretärs, dann enthält dies Schreiben eine weitere Bestätigung dafür, dass Jochmann ein zweites Testament auf seine Reise mitgenommen hatte.

Das Karlsruher Konvolut enthält nur noch ein weiteres Schreiben, das indirekt das Stadtamt Karlsruhe betraf. Das Stadt-Gericht der Freyen Stadt Frankfurt wandte sich am 9. Dezember 1830 an das Amt mit einer Rechnung für seine Auslagen, die von Handelsmann Griesbach zu erheben und nach Frankfurt zu überweisen seien. Auf demselben Blatt ist von anderer Hand notiert, dass der Handlung B. Metzler seel. Sohn & Cons[orten] das für sie bestimmte Schreiben weitergereicht worden sei.[17]

Die legalisierte Karlsruher Abschrift des Jochmann'schen Testaments

Im Nationalarchiv Estlands zu Tartu oder Dorpat, dem Rahvusarhiiv, befindet sich ein Dokument, das unter der Bezeichnung läuft: Testament des Carl Gustav Jochmann zur Errichtung und Erhaltung von Schulen in Pernau und im Pernauschen Kreise für die estnische Jugend, nebst anderen Testamenten (zum besten der estnischen Schulen).[18]

Der Text des Testaments steht auf den vier Seiten eines Doppelblattes, das mit Fadenheftung in zwei weitere Doppelblätter eingebunden und zu denen ein weiteres Doppelblatt kleineren Formats eingeklebt wurde. Die

[16] GLA 206/Nr. 1297, Bl. 10 recto.
[17] GLA 206/Nr. 1297, Bl. 11 recto.
[18] EAA 1279_003_0000440.

Seiten der zusätzlichen gehefteten Doppelblätter sind zumeist unbeschriftet, einige sind beschriftet. Das eingeklebte kleinere Blatt bezieht sich auf ein anderes Testament, das keinerlei ohne Beziehung zu Jochmanns Vermächtnis enthält.

Auf dem Deckblatt findet sich mit Kugelschreiber, also aus der zweiten Hälfte des 20. Jahrhunderts stammend, als eine Art Besitz- oder Herkunfts-Vermerk der Hinweis auf die Evangelisch-Lutherische St. Elisabeth-Kirche zu Pernau, die dortige estnische Stadtkirche. Mit gleichem Instrument steht dort "Angefangen 1830 Beendet 1889".

Auf einem weiteren Blatt, das vermutlich das ursprüngliche Deckblatt der Akte war, steht in alter Tintenschrift in einem ausgefallenen Stil, der die Verwendung der Verben vermeidet:

> Testament des Herrn Jochmann's, in welchem er 15,000 Rubel Silb[er] M[ün]ze zur Errichtung und Erhaltung von Schulen – Warum hier nicht der Singular ? ! – in Pernau u[nd] dem Pernauischen Kreise, für die esthnischen Nationalen.

Auf dem folgenden Blatt steht ein Dankesschreiben des Carl Friedrich Goldmann[19] (1796–1848), von 1831 bis 1848 Justizbürgermeister in Pernau, an Johann Heinrich Rosenplänter[20] (1782–1846), von 1809 bis 1846 Prediger an der Elisabeth-Kirche zu Pernau:

> An seine Hochehrwürden den Herrn Pastor an der St. Elisabeth's Kirche Rosenplaenter.
>
> Für die Mittheilung des hierbei wiederum zurückgelegten letzten Willens des Herr Carl Gustav Jochmann hat Ew. Hochverehrwürden seinen Dank abzustatten der Rath nicht unterlassen wollen. Der Rath ist durch Ihre Gefälligkeit in den Stand gesetzt worden, die Bürgerschaft auf das für die Stadt in diesem Testament liegende Interesse aufmerksam zu machen, und selbige zur Wahrnehmung ihrer Rechte aufzufordern.
>
> Pernau den 31 Januar 1831
>
> Justiz-Bürgermeister C. Goldmann

Auf dem Dritten Blatt folgt das Testament, zwar nicht im Original, aber in Gestalt der in Karlsruhe gefertigten Abschrift, deren Herstellung am 9. November 1830 unter Punkt 5 in Auftrag gegeben worden war.

[19] *Album Academicum der Universität Dorpat*. Dorpat: C. Mattiesen, 1889. S. 107.

[20] *Album Academicum der Universität Dorpat*. Dorpat: C. Mattiesen, 1889. S. 6.

Die bereits zitierte ausführliche Beschreibung des Karlsruher Originals durch Stadtdirektor Carl Baumgärtner erledigt jedwede Vermutung, hier könne doch ein Original vorliegen.

Der Jochmann'sche Text ist generell in Spitzschrift, doch wichtige Wörter sind in Rundschrift geschrieben. Diese werden hier gesperrt wiedergegeben. Unterstreichungen werden aus der vorliegenden beglaubigten Abschrift übernommen.

Zunächst sind einige amtliche Notizen am oberen Rand zu sehen, die offensichtlich erst in Riga aufgeschrieben wurden.

Copia ae
Acz. N 8069
ad N° 402 Prodt. Riga den 1. Februar 1831.
Publicatum im Kaiser[lich] Rig[aischen] Landgerichte d[en] 6. Apr[il] 1831.

Offensichtlich ist die Abschrift am 1. Februar 1831 beim Amtsgericht in Riga eingetroffen, wurde dort zwei Monate lang geprüft und dann am 6. April publiziert. Neben den Rigaer Vermerken klebt eine Siegelmarke mit Doppeladler über drei Rubel.

Sodann folgt Jochmanns Text:

[Seite 1 der Abschrift des Testaments]

Der Zustand meiner Gesundheit veranlaßt mich, in folgendem die Bestimmungen zu treffen, die im Falle meines Ablebens als die meines letzten Willens gelten sollen.

1) Zur Erbin meines gesammten Vermögens, über welches, da es ein gänzlich wohlerworbenes ist, mir ein völlig freies DispositionsRecht zusteht, setze ich, mit Ausnahme der unten bestimmten Vermächtnisse, diejenige ein, die es auch, wenn ich ohne testamentarische Disposition stürbe, sein würde, meine liebe Schwester W i l h e l m i n e A m a l i e J o c h m a n n , jedoch unter der Bestimmung, daß, im Falle sie unverehelicht oder wenn auch nicht dieses, doch kinderlos sterben sollte, nach ihrem dereinstigen Ableben, die Summe von f u n f z e h n t a u s e n d R u b e l S i l b e r M ü n z e (1 5 0 0 0 R° S i l b M z) von der meiner lieben Schwester, so lange sie lebt, der Nießbrauch verbleibt, den auf sichere Hypotheken angelegten F o n d einer Stiftung zur Unterstützung und Einrichtung von Schulen für die Kinder des ehstnischen Landvolkes, in meiner Vaterstadt P e r n a u und im P e r n a u schen Kreise ausmachen soll; welche Stiftung aber nicht unter irgend einer geistlichen oder obrigkeitlichen Verwaltung stehen, sondern von drei durch die versammelte Bürgerschaft in P e r n a u , jedesmal auf drei Jahre zu wählende, und auch beliebig wiederholt zu wählende redliche Männer verwaltet werden soll, die alljährlich über ihre

Verwaltung dem Publicum in den in Pernau und Riga erscheinenden öffentlichen Blättern einen kurzen Bericht zu erstatten, und alle drey Jahre der Bürgerschaft in Pernau förmlich Rechnung abzulegen haben.

2) Sollte meine liebe Schwester vor mir, oder vor Eröffnung dieses letzten Willens in Riga, mit Tode abgehen, so ernenne ich zum Erben meines gesammten Vermögens, mit Ausnahme der unten bestimmten Vermächtnisse, meinen geliebten Freund, den Herrn RegierungsSecretaire und Ritter Adolph Hehn in Riga, in welchem Falle jedoch eine Summe von Zehntausend Rubel Silber Münze (10000 R° SM) sogleich zu der im vorstehenden § beschriebenen Stiftung verwandt werden soll.

3) Es ist mein inniger Wunsch und meine inständige Bitte, daß mein Körper sobald die sichern Zeichen des Todes vorhanden sind, geöffnet und besonders das

CJochmann

[Seite 2 der Abschrift des Testaments]

Herz aus demselben genommen und in einem einfachen Porzellängefäße aufbewahrt, wie sichs am besten thun läßt, an meinen geliebten Freund Herrn Conrad Heinrich v. Sengbusch in Riga, Chef des dasigen HandlungsHauses A. G. Sengbusch & Comp. geschickt werde, der demselben wohl aus alter Freundschaft für mich ein Plätzchen in seinem Garten gönnen wird. Dem Herrn Hofrath Dr. Wieg, und dem Herrn Dr. und Landphysicus Waldmann, die ich die Oeffnung meines Körpers und die Aufbewahrung meines Herzens zu besorgen ersuche, bestimme und vermache ich dafür, und zwar einem jeden von ihnen, zwanzig Louisd'or (20 Louisd'or).

Sollte ich in einem andern Orte als Karlsruhe sterben, so bleibt es dennoch bey der obigen Bitte und Bestimmung nur mit der Veränderung, daß ich alsdann dem Arzte oder Wundarzte, der jene Bemühung übernimmt, Einhundert Thaler Preußisch in Golde (100 Thaler in Golde) und den Armen des Ortes, unter der Bedingung und für den Fall, daß meinem Wunsche genau entsprochen werde, ebenfalls Hundert Thaler in Golde (100 Thaler in Golde) aussetze und vermache.

4) Meinem lieben Freunde Herrn C. H. von Sengbusch in Riga vermache ich die Summe von Eintausend Rubel Silber Münze (R° 1000 SilbMz) zu irgend einer Anlage in seinem Garten, bei der vielleicht er und mancher andre meiner mir ewig unvergeßlichen und unersetzlichen Freunde in Riga, meiner an freundlichen Sonntag Nachmittagen zuweilen gedenken.

5) Meinem lieben Freunde, dem Herrn RegierungsSekretär und Ritter Adolph Hehn, im Fall er nicht nach der Bestimmung des § 2 mein Erbe werden sollte vermache und legire ich die Summe von Zweitausend Rubel Silber Münze (R° 2000 SMz).

6) Meinem lieben, verehrten Freunde Herrn Christian Griesbach hierselbst, vermache ich als Zeichen meiner Achtung und Freundschaft meine goldene RepetierUhr mit den dazu gehörigen in Gold gefaßten Pettschaften und Uhrschlüssel, meine goldene Tabacksdose und mein gutes Canapee, auf dem wir so manches freundliche Wort mit einander gewechselt haben, endlich, was seinem redlichen Herzen die meiste Freude machen wird, die Summe von Zweytausend Gulden (2000 f.) zu dem

CGJochmann

[Seite 3 der Abschrift des Testaments]

unter seiner Verwaltung sich bildenden Fond zur Errichtung einer Verpfründungs- und VersorgungsAnstalt für alte oder gebrechliche, arbeitsunfähige Personen.

7) Meinem lieben Freunde, d[em] H[errn] UniversitätsBuchhändler C. F. Winter in Heidelberg vermache ich das volle Eigenthumsrecht an meinen in seinem Verlage erschienenen Schriften: die Betrachtungen über den Protestantismus, der Schrift über die Sprache und den Briefen eines homöopathischen Geheilten, hinsichtlich deren ihm die erste Auflage der beiden ersten Werke ohnehin gehört, da wir nur in Ansehung der letztgenannten Schrift in Rechnung stehen. Möge ihm dies Vermächtniß einmal ersprießlicher werden, als ich zu vermuthen Ursache habe.

8) Meine sämmtliche Handschriften, an Materialien, Sammlungen, Aufsätzen u[nd] d[er] gl[eichen] aller Art, mit einziger Ausnahme meiner Correspondenz und Geschäftspapiere, vermache ich meinem lieben verehrten Freunde Herrn Heinrich Zschok[k]e in Aarau in der Schweiz, dem sie kostenfrei zuzustellen sind. Ich bezweifle, daß er viel mit ihnen anzufangen wissen wird. In jedem Falle übernimmt er dann wohl aus alter Freundschaft für mich die Mühe sie zu vernichten.

9) Die weiblichen Dienstboten, die in meinem Dienste gestanden und so manche Geduld mit mir gehabt haben, namentlich:

a) Babette aus Durlach, die während meines Aufenthalts im Schaafschen Hause[21] in der Karlsstraße hieselbst bey mir gedient hat, und jetzt an einen Schreiner in einem [Dorf[22]] bei Durlach verheirathet ist.

[21] Haus des Schreiners Gottlieb Schaaf, Karls Straße 4 (heute Karlstraße), in dem Jochmann 1826 wohnte. Vgl. *Wegweiser für die Großherzogliche Residenzstadt Karlsruhe*. Karlsruhe. 1826. S. 10, S. 59.

[22] Hier hat der Kopist augenscheinlich ein Wort ausgelassen, es könnte Dorf, Weiler, Ort, oder Anwesen gewesen sein.

b) Carolina Haagk, die in Baden und auch hier in Karlsruhe im Stempfschen Hause[23] und in der Amalien Straße bei mir war,

c) Meiner gegenwärtigen Haushälterin Katharina Kneußler aus Homburg, vermache ich und zwar einer Jeden von ihnen die Summe von dreihundert und funfzig Gulden (350 f.), die einer jeden von ihnen binnen 4 Wochen nach meinem Tode ausgezahlt werden soll.

10) Den Armen in Karlsruhe, ohne Unterschied der Religion, und sie mögen zur hiesigen Stadtgemeinde gehören oder nicht, vermache ich Zweyhundert Gulden (200 Gulden), den Kirchen, Schulen und frommen Stiftungen in Riga zusammen Zweihundert Rubel Silber Münze (R 200 S.M.),

CGJochmann

[Seite 4 der Abschrift des Testaments]

die Ein Hochedler und Hochweiser Rath daselbst nach seinem Ermessen zu vertheilen gebeten wird.

11) Zu Executoren dieses meines letzten Willens ernenne ich und erbitte ich mir und zwar hier in Karlsruhe, Herrn Christian Griesbach, in Riga aber, Herrn Conrad Heinrich von Sengbusch.

12) Ich bin zuversichtlich überzeugt, daß meine Erbin oder mein Erbe, wer er auch seyn möge, jeden ihnen bekannt werdenden auch nur mündlich von mir geäußerten Wunsch gewissenhaft und pünktlich zu erfüllen, gern bereit sein würde, ohnehin ist auch dieses Testament als von mir selbst geschrieben und auf jeder Seite unterschrieben mit allen nach dem hiesigen Landrechte zur Rechtsgültigkeit eines letzten Willens erforderlichen Förmlichkeit[en] aufgesetzt; sollte jedoch sich über diese Rechtsgültigkeit desselben als eines förmlichen Testamentes irgend ein Zweifel erheben, so wünsche und bitte ich, daß diese letztwillige Verfügungen wenigstens als Codicill Schenkung für den Todesfall oder wie sonst immer aufrecht erhalten werde, und ertheile ich hiermit zu diesem Behufe meinem verehrten Freunde Herrn Christian Griesbach förmliche Anweisung

a) auf meine sämmtlichen hiesigen Baarschaften und Effecten oder deren Ertrag,

b) auf mein gesammtes sich in Gewahrsam meiner Geschäftsfreunde, den Herren B. Metzler seel. Sohn & Comp. in Frankfurt a/m befindliches Vermögen, bestehend in: 11500 f. Großherzoglich Badische 4% Rentenscheine, einer Großherzoglich Hessischen 4% Obligation von 1000 f., 4 Stück Großherzoglich Badische 50 f. Loose und meinem eben vorhandenen Rechnungs Saldo;

[23] Haus der Briefträgerswitwe Stempf, Karls Straße 9 (heute Karlstraße), in dem Jochmann 1828 wohnte. Vgl. *Wegweiser für die Großherzogliche Residenzstadt Karlsruhe.* Karlsruhe: C. F. Müller. 1828. S. 10, S. 64.

um aus dem Werthe von diesem allen sämmtliche hier im Lande auszuzahlende Vermächtnisse und Kosten zu berichtigen, und was übrig bleibt dem Herrn C. H. v. Sengbusch, Adr: d[em] Herrn A. G. Sengbusch & Comp. in Riga zu übermachen.

Sämmtliche Vermächtnisse sollen meinen Legataren kostenfrei und in vollen Summen ohne allen Abzug ausgezahlt werden.

Schließlich bitte ich Jeden dem ich unwissentlich oder unter der Uebermacht meiner krankhaften Reizbarkeit jemals wehe gethan, mir zu verzeihen, und mein Andenken in dem Frieden zu halten, dessen ich mir in jeder stillen Stunde gegen jeden Menschen bewußt bin.

Urkundlich alles dessen habe ich diesen meinen letzten Willen eigenhändig niedergeschrieben, auf jeder Seite desselben eigenhändig unterschrieben. Karlsruhe den 22^{n} April 1830.

CGJochmann

[Zusatz des Karlsruher Kopisten in gleicher Handschrift:]

Mit dem dahier übergebenen Original gleichlautend
Karlsruhe den 1^{n} November 1830
(L. S.) Großherzogl. Badische StadtAmt
Baumgärtner

[Rotes Wachssiegel]

[Zusatz des Rigaischen Landgerichtsarchivars:]

Ex vidimato vidi.[24]
Rigae d. 10. April 1831.
Carl Schinckell.[25]
Caes. Imp. prot.[26] distr. Rigensis.
Archivarius.

Dass hier tatsächlich die legalisierte Abschrift des Testamentes vorliegt, die am 9. November 1830 für das Landgericht Riga in Auftrag gegeben worden war, zeigt sich erstens an der Unterschrift desjenigen, der die Karlsruher Kopie anfertigte, des Geheimen Rats, Polizei- und Stadtdirektors Carl Baumgärtner, dessen Handschrift bereits aus einem älteren Papier bekannt ist. Es zeigt sich zweitens an den Zusätzen des Landgerichts Riga, das den

24 Beglaubigungsformel.

25 Der Landgerichtsarchiv und Gouvernements-Secretair Karl Johann Schinckell.

26 Protokollist.

Eingang am 1. Februar 1831 vermerkte. Nach dem 9. November wird diese Abschrift Moltke übergeben worden sein, bevor sie vermutlich als Diplomatenpost über zuständige Stellen in St. Petersburg nach Riga gelangen konnte. Nach Pernau wird sie gekommen sein, als es um die Einrichtung der Jochmann'schen Schule ging. Weshalb sie in den Besitz der St. Elisabeth-Kirche in Pernau gelangt sein konnte, ist ungewiss.

Beobachtungen über ältere Abdrucke des Jochmann'schen Testaments

Jochmanns Testament wurde schon mehrfach abgedruckt, und man mag sich fragen, weshalb es hier erneut zum Druck gegeben wurde. Das hat einige Gründe.

Julius Eckardt hat das Testament 1863 als erster wiedergegeben. Er sagte dazu: "Wir verdanken das hier in extenso folgende Aktenstück der gütigen Mittheilung des Herrn Propstes W. Schulz[27] in Pernau." (Eckardt 1863, S. 340). Der Satz besagt, dass Schulz ihm die Akte mitgeteilt habe, was wohl heißen soll, dass Eckardt eine von Schulz angefertigte Abschrift der Akte bekommen hatte. Die Vorlage für Schulz war offensichtlich die Karlsruher Abschrift, denn es ist kaum anzunehmen, dass eine zweite Version in Pernau zu finden war. Man hat es folglich bei Eckardt mit einer Abschrift einer Abschrift zu tun. Damit lassen sich mancherlei orthographische und interpunktuelle Veränderungen erklären, die in Eckardts Version auftreten, allerdings ohne nennenswerte Bedeutung sind.

Von erheblicher Bedeutung ist aber der Umgang mit einer Eigentümlichkeit der Karlsruher Abschrift. Dort wurde das zweifelsfrei gemeinte Wort 'Verpfründungs-' so sonderbar geschrieben, dass auch die nicht sehr sinnvolle Lesung 'Verpfändungs-' möglich ist. Daher steht bei Eckardt etwas von einer "Verpfändungs- und VersorgungsAnstalt". Ob dieser rätselhafte Ausdruck von Schulz stammt oder von Eckardt (1863, S. 341; 1868, S. 312), ist nicht zu ermitteln. Bedeutsam aber ist, dass Eckardt (1869, S. 355) in der zweiten Auflage seines Buches die beiden Wörter 'Verpfändungs- und' einfach ausgelassen hat, vermutlich einsehend, dass

27 Vermutlich Propst Woldemar Schultz [!] (*Pernau'sches Wochenblatt Nr 15*, 31. Januar 1859, S. 39). Propst Schulz [!] zu Pernau wurde im April 1865 zum Generalsuperintendent von Estland ernannt (*Pernau'sches Wochenblatt Nr 18*, 4. Mai 1863, S. 140).

'Verpfändung' hier unsinnig ist oder dass er entsprechende Nachfragen seiner Leser nicht beantworten konnte.

Eine weitere Eigenart der Eckardt'schen Version besteht darin, dass der letzte Absatz des Testaments, der auch das Datum enthält, einfach fehlt. Auch hier ist nicht zu enträtseln, wer dafür verantwortlich ist. Aber diese grundlose Lücke erklärt, weshalb die genannten Abdrucke allesamt ohne Angabe des wohl nicht nebensächlichen Datums erschienen.

Eberhard Haufe hat die Fassung und damit auch die unglückliche 'Verpfändungs'-Lesung der Erstveröffentlichung Eckardts wiedergegeben. Bei ihm fehlt gleichfalls der letzte Absatz mit dem Datum (Haufe 1979, S. 252; 1990, S. 238), da er offensichtlich sich nicht am Dokument, sondern an Eckardts früher Druckversion orientierte, die schon Eckardt selbst verbesserte, wenn auch nicht berichtigte. Das gleiche gilt für Wagenknechts Ausgabe Jochmanns (1968). Eine verbesserte Version hier wiederzugeben erschien somit trotz dieser mehrfachen, doch fehlerhaften und undatierten Abdrucke des Testamenttextes erforderlich.

Beispiele für die Erledigung der Vermächtnisse

Griesbach konnte anscheinend alle Vermächtnisse, die seiner Verantwortung unterlagen, regeln. Am 13. Dezember 1830 unterschreibt er einen Bericht, nach dem Jochmanns Legat über 2.000 Gulden der Leopold und Sophie-Stiftung zugeflossen sei, wie das *Karlsruher Intelligenz- und Wochen-Blatt*, Nr. 100, S. 681, am 16. December 1830, berichtete. Dasselbe Blatt kann zudem in seiner Ausgabe Nr. 4, S. 21, vom 13. Januar 1831 berichten, dass Jochmanns Legat für die Karlsruher Allmosen, eine wohltätige Stiftung, eingetroffen ist.

Auch Heinrich Zschokke, wohnhaft in Aarau in der Schweiz, erhielt, was Jochmann ihm zugedacht hatte. Er schrieb am 17. März 1831 seinem Freund Karl v. Bonstetten (1745–1832):

> Ein dem Geist und Gemüth nach trefflicher Mann, der neulich starb, Herr Jochmann aus Riga, vermachte mir im Testamente alle seine Papiere, meistens philosophisch-politischen Inhalts; Tagebücher seiner Reisebemerkungen durch Frankreich, England, Italien u. s. w., Ercerpte u. dgl. m. (*Prometheus*, 2. Bd., S. 307).

Zschokke ergänzte am 30. März 1831:

> Ich bin noch immer daran, die literarische Erbschaft zu ordnen, die mir mein verstorbener Freund J o c h m a n n hinterließ. Ein herrlicher Geist! Wie viel ließ er unvollendet! Ich sah ihn immer, wenn er, auf seinen Reisen durch die Schweiz, mich besuchte. Er lebte stets kränklich und suchte seine Gesundheit bald in Paris und Marseille und Montpellier, bald in Nizza und Baden-Baden vergebens. In Naumburg endlich genas er von seiner Krankheit durch den besten Arzt, welchen man kennt, den Todesengel. (*Prometheus*, 2. Bd., S. 309f.).

Unerklärlich lange dauerte hingegen die Einrichtung der Schule in Pernau, die Jochmann verfügt und finanziert hatte. Ulrich Kronauer (2011, S. 124) hat dazu einen von Frau Aino Siebert ins Deutsche übersetzten Artikel aus der Zeitung *Pärnu Postimees* vom 27. September 2007 in Teilen veröffentlicht, dessen zentraler Absatz wiedergegeben sei, nicht zuletzt, weil hier der Name des Pastors erscheint, der vermutlich dafür gesorgt hatte, dass der Inhalt des Jochmann'schen Testaments überhaupt in Pernau/Pärnu bekannt wurde:

> Der Pärnuer Rat hörte von dem Testament [...] erst neun Jahre nach Jochmanns Tod dank dem Pastor J. H. Rosenplänter. Das Testament wurde 1863 publiziert in dem Rigaer Publikationsorgan 'Baltische Monatschrift'. [...] Die Vollziehung von Jochmanns Testament dauerte 40 Jahre. Erst am 17. März 1871 erteilte der Rat des Tartuer (Dorpater) Unterrichtbezirks die Erlaubnis, in Pärnu eine einklassige und dreiteilige Schule für bis zu 60 Schüler mit einem Lehrer zu eröffnen. Es wurde erlaubt, in der Woche 28 Stunden Religion, Lesen, Rechnen, deutsche und russische Sprache, aber auch Singen zu unterrichten. Danach wurde auf dem Grundstück, das die Stadt zuteilte, ein Schulhaus an der Ecke Supeluse- und Pühavaimu-Straße (Pühavaimu 26) gebaut. Die Schule wurde am 8. Januar 1873 eröffnet.

Die Hintergründe dieser schleppend wirkendenden Exekution des letzten Willens Jochmanns warten noch auf ihre Durchleuchtung. Bedacht muss dabei die testamentarische Bestimmung, dass erst im Falle, dass seine Schwester Wilhelmine Amalie ehelos oder kinderlos stürbe, die festgelegte Summe zur Errichtung einer Stiftung zur Unterstützung und Einrichtung von Schulen zur Verfügung gestellt werden solle. Wilhelmine wurde am 4. März 1791 geboren, ihr Todesdatum ist bis heute ungeklärt, nicht anders als der Zeitpunkt, an dem die Nachricht ihres Todes den Rat der Stadt Pernau erreicht haben mag. Sollte sie aber etwa 78 Jahre alt geworden und kinderlos geblieben sein, dann ließe sich damit die späte Einrichtung der Schule erklären.

Noch länger dauerte es, bis an dieser Schule eine an Carl Gustav Jochmann erinnernde Gedenktafel angebracht wurde. Es geschah am 21. August 2002, wie Kronauer (2009, S. 240) berichtet.

Die Errichtung der Verpfründungs- und Versorgungs-Anstalt in Karlsruhe, zu der Jochmann einen erheblichen Beitrag spendete, lief schneller vonstatten. Mehr dazu im nachfolgenden Aufsatz.

Literatur

Eckardt, Julius (1863). Carl Gustav Jochmann. *Baltische Monatsschrift, 7*, 295-344. (Darin Jochmanns Testament S. 340-343).

Eckardt, Julius (1868). Carl Gustav Jochmann. In Eckardt, *Die baltischen Provinzen Rußlands. Politische und culturgeschichtliche Aufsätze* (S. 270-315). Leipzig: Duncker & Humblot. (Jochmanns Testament S. 311-314).

Eckardt, Julius (1869). Carl Gustav Jochmann. In Eckardt, *Die baltischen Provinzen Rußlands. Politische und culturgeschichtliche Aufsätze* (2. Aufl., S. 313-358). Leipzig: Duncker & Humblot. (Jochmanns Testament S. 353-357).

Haufe, Eberhard (Hrsg.) (1979). Jochmanns Testament. In Carl Gustav Jochmann, *Die unzeitige Wahrheit. Aphorismen, Glossen und der Essay 'Über die Öffentlichkeit'* (2. Aufl., S. 250-255). Leipzig: Gustav Kiepenheuer.

Haufe, Eberhard (Hrsg.) (1990). Jochmanns Testament. In Carl Gustav Jochmann, *Die unzeitige Wahrheit. Aphorismen, Glossen und der Essay 'Über die Öffentlichkeit'* (3. Aufl., S. 236-240). Leipzig: Gustav Kiepenheuer.

Haufe, Eberhard (Hrsg.) (2001). Auf- und Niedergang von Jochmanns "Unzeitgemäßer Wahrheit". Michael Schwidtal & Armands Gutmanis (Hrsg.), *Das Baltikum im Spiegel der deutschen Literatur, Carl Gustav Jochmann und Garlieb Merkel, Beiträge des Internationalen Symposions in Riga vom 18. bis 21. September 1996 zu den kulturellen Beziehungen zwischen Balten und Deutschen* (S. 192-132). Heidelberg: C. Winter.

Jochmann, Carl Gustav (1968). *Über die Sprache. Faksimile-Druck nach der Original-Ausgabe Heidelberg, Winter, 1828. Mit Schlabrendorfs Bemerkungen über Sprache und der Jochmann-Biographie von Julius Eckardt*. Hrsg. von Christian Johannes Wagenknecht. Göttingen: Vandenhoeck & Ruprecht. (Jochmanns Testament S. 311-314).

Kronauer, Ulrich (2009). Pernau – Riga – Heidelberg. Stationen im Leben des Juristen und kulturphilosophischen Schriftstellers Carl Gustav Jochmann (1789–1830). In Ulrich Kronauer & Thomas Taterka (Hrsg.), *Baltisch-europäische Rechtsgeschichte und Lexikographie* (S. 227-240). Heidelberg: Winter.

Kronauer, Ulrich (2011). Erziehung bei Carl Gustav Jochmann (1789–1830). In Norbert Angermann et al. (Hrg.), *Geisteswissenschaften und Publizistik im Baltikum des 19. und frühen 20. Jahrhunderts* (S. 121-136). Berlin: LIT-Verlag Dr. W. Hopf.

Zschokke, Heinrich (1832). Erinnerungen an Karl Gustav Jochmann, von Pernau. *Prometheus. Für Licht und Recht. Zeitschrift in zwanglosen Heften, 1*, S. 91-147.

Zschokke, Heinrich (1836). Karl Gustav Jochmann, von Pernau. (Mittheilungen zu dessen Lebensgeschichte, vom Herausgeber). In Karl Gustav Jochmann, *Reliquien, Aus seinen nachgelassenen Papieren*, Gesammelt von Heinrich Zschokke (Bd. 1., S. 1-80). Hechingen: F. X. Ridler.

Büste Wilhelm Christian Griesbach (1772–1838)
Stadtmuseum Karlsruhe, Inventarnummer 1960/156

Carl Gustav Jochmann und die Karl Friedrich-, Leopold- und Sophien-Stiftung zu Karlsruhe

Namen und Personen

Die Überschrift verbindet die Namen zweier badischer Großherzöge, Karl Friedrich und Leopold, einer badischen Großherzogin, Sophie, und eines aus dem russischen Reich stammenden bürgerlichen und keineswegs dem Adel zugeneigten Anhänger der Aufklärung und ihrer Werte. Welch eine Verbindung konnte zwischen ihnen entstehen? Zunächst zu den Menschen, für die diese Namen stehen.

Carl Gustav Jochmann wurde 1789 in Pernau geboren, einer Hafenstadt im Gouvernement Livland, einer der damaligen russischen Ostseeprovinzen. Gegenwärtig liegt Pernau in der Republik Estland. Jochmann absolvierte die letzten Jahre seiner Schulzeit in Riga, der Hauptstadt Livlands. Danach studierte er Jurisprudenz auf den Universitäten Leipzig, Heidelberg sowie Göttingen und ließ sich anschließend als Rechtskonsulent oder Advokat in Riga nieder. Offensichtlich war seine berufliche Tätigkeit lukrativ. Als sich um 1811 und 1812 der Einmarsch Napoleons und seiner Großen Armee nach Russland abzeichnete, verließ Jochmann erneut seine Heimat und reiste nach England und Schottland, später auch nach Frankreich, in die Schweiz und nach Deutschland. An vielen Orten, zumal in Paris, knüpfte er Kontakte zu Kreisen den Ideen der Aufklärung verpflichteter Intellektueller und begann selbst schriftstellerisch zu wirken. Seine in den 1820 Jahren erschienenen, zeit- und gesellschaftskritischen Bücher, die sich mit dem Katholizismus, dem Protestantismus und besonders mit der Sprache als Kommunikationsmittel befassten, veröffentlichte er aus berechtigter Scheu vor der im deutschen Bund der Restaurationszeit praktizierten politischen Zensur anonym. In diesen Jahren verschlechterte sich sein physischer Zustand, so dass er zahlreiche Kurorte aufsuchte, vor allem Baden-Baden. In seinen letzten Jahren ließ er sich in Karlsruhe nieder, der nahegelegenen Hauptstadt Badens. Im Badischen Großherzogtum, einem durch eine liberale Verfassung geprägten Staatswesen, handhabte man die politische Zensur nicht so plump wie in anderen

Staaten des deutschen Bundes. Auf der Suche nach einer Therapie für seine Leiden verstarb Jochmann 1830 in Naumburg an der Saale.

Karl Friedrich aus dem hochadligen Hause Zähringen, Träger des ersten Fürstennamens in der Überschrift, wurde 1728 in Karlsruhe geboren. Er gehörte nicht nur einer anderen Generation und einem anderen Stand als Jochmann an, er durchlief auch eine völlig andere Karriere. Er begann 1738 als minderjähriger Markgraf von Baden-Durlach, verbesserte sich 1771 zum Markgrafen von Baden, wurde 1803 Kurfürst des Heiligen Römischen Reiches und krönte seinen Aufstieg 1806 als erster Träger des Titels eines Großherzogs von Baden. Nach seinem Tode 1811 folgte ihm sein Enkel als Karl Ludwig Friedrich von Baden. Er hatte keine überlebenden männlichen Nachfahren, weshalb 1818 sein Onkel, ein Sohn des Karl Friedrich aus erster Ehe, als Großherzog Ludwig I. den Thron erhielt. Nach dessen Tod 1830 kam Leopold auf den Thron, Träger des zweiten Fürstennamens der Überschrift, ein Sohn des Karl Friedrich aus dessen zweiter, morganatischer Ehe. Leopold war verheiratet mit Sophie Wilhelmine von Holstein-Gottorp, der Trägerin des dritten Fürstennamens der Überschrift. Sie war eine Enkelin des Karl Ludwig und damit eine Urenkelin des Karl Friedrich.

So viel zunächst zu den Personen, auf die sich die Namen der Überschrift beziehen. Ob es irgend eine unmittelbare Verbindung zwischen Jochmann und den Trägern dieser Fürstennamen gegeben hat, ist unbekannt und auch unwahrscheinlich. Was diese Personen verband, war eine wohltätige Stiftung. Diese geht zurück auf einen Freund, den Jochmann in Karlsruhe gewonnen hatte, Christian Griesbach.

(Wilhelm) Christian Griesbach[1] kam am 8. April 1772 in Karlsruhe zur Welt. Sein Vater hatte nach Bildungsreisen durch europäische Länder 1766 die Stelle eines Kanzlisten in der Geheimen Kanzlei des Markgrafen Karl Friedrich übernommen und begann so eine Laufbahn in der bürgerlichen gebildeten Beamtenschicht der Residenzstadt. Christian machte früh Bekanntschaft mit den Schriften und Ideen der Aufklärung und des Humanismus, und darin lag sicher die Grundlage seiner Freundschaft mit Jochmann. Griesbach besuchte das Gymnasium und entschloss sich, Handelsmann zu werden. Unter 'Handelsmann' verstand man damals den Großkaufmann im Unterschied zum Krämer, der einen Einzelhandelsladen betrieb. Neben seinem Handelsgeschäft übernahm Griesbach eine Tabakfabrik, die er zu einem bedeutenden Unternehmen entwickelte und

[1] Zur Biographie Griesbachs und seiner Familie siehe Asche 1996.

damit einer der Begründer der Industrialisierung Karlsruhes wurde. Politisch gehörte er dem Liberalismus an. 1809 wurde er zum Bürgermeister Karlsruhes gewählt, 1812 mit Einführung des neuen Amtes zum ersten Karlsruher Oberbürgermeister. Er errichtete moderne Verwaltungsstrukturen und steuerte die Geschicke der Stadt bis zum Ende seiner Amtsperiode 1816. 1818 wurde die freiheitliche Landesverfassung verabschiedet, die Baden in eine konstitutionelle Monarchie verwandelte und den Bürgern weitgehende Rechte garantierte. 1819 trat verfassungsgemäß die Zweite Ständekammer des badischen Landtags zum ersten Mal zusammen. Griesbach war einer der Abgeordneten für die Stadt Karlsruhe. Er gehörte zur Opposition gegenüber großherzoglichen Versuchen, Willkürmaßnahmen durchzusetzen. Dem Hof gelang es, seine Wiederwahl zu unterbinden.

Wohltätige Stiftungen in Karlsruhe

Einen ersten Schritt zur Gründung einer wohltätigen Stiftung unternahm Christian Griesbach, mittlerweile einer der reichsten Bürger der Stadt, durch seinen unsignierten Aufruf in der Vorweihnachtszeit 1820 im *Karlsruher Intelligenz- und Wochenblatt*. Er verwies darauf, dass die junge, erst 1715 gegründete und rasch gewachsene Stadt Karlsruhe kaum Stiftungen für mittellose Bürger besitze. Die erste Anstalt dieser Art sei "das von Unserm Unvergeßlichen Fürsten Karl Friedrich erbaute Hospital für heilbar Kranke" (anon. 1820, S. 407), doch weitere gemeinnützige Einrichtungen seien unerlässlich. Er schlug vor, zunächst Geld zu sammeln, dieses auf Zins und Zinseszins anzulegen und so nach einigen Jahren auf eine Summe erforderlicher Höhe zu gelangen. Man werde mit einem anfänglichen Kapital von 20.000 Gulden und fünfprozentiger Anlage in 20 Jahren auf 54.000 Gulden kommen. Es sei zwar so, dass Stifter dieses Kapitals zunächst keine augenfälligen Erfolge erzielen könnten, doch wenn viele, auch kleinere Legate zu einem Fonds vereinigt würden, ließen sich später wohltätige Erfolge erzielen. Er selbst sei bereit, ein "kleines Capital" zu diesem Zweck zur Verfügung zu stellen und sich mit Gleichgesinnten über das weitere Vorgehen zu besprechen. Solchen dürfe das *Karlsruher Intelligenz- und Wochenblatt* seinen Namen mitteilen. Über das Echo dieser Anregung ist nichts bekannt. Griesbachs "kleines Capital" wuchs jedoch in den kommenden Jahren an. In dieser Zeit, so ist zu vermuten, lernten sich Christian Griesbach und Carl Gustav Jochmann kennen, schätzen und begründeten ihre Freundschaft.

Der Monat November 1828 erzeugte ungewöhnliche Stimmungslagen in Baden und besonders in Karlsruhe, denn am 22. dieses Monats sollte der hundertjährige Geburtstag des Markgrafen und späteren Großherzogs Karl Friedrich würdigst begangen werden. Am 1. November richtete dessen Sohn und derzeitiger Großherzog, Ludwig I., ein Schreiben[2] an den Staatsminister des Innern, Freiherrn v. Berckheim, in dem er seine Wünsche für die Feierlichkeiten einschließlich der Grundsteinlegung für ein Denkmal seines Vaters ausbreitete. Die Lokalpresse nahm eine seiner Äußerungen zum Anlass für diese Beobachtung:

> Der Ausspruch des geliebten Regenten, im ganzen Umfang des Großherzogthums der freudigsten Regung für die würdige Feier des Gedächtnisses K a r l F r i e d r i c h ' s zu begegnen, findet bereits die vollste Bestätigung. Von allen Seiten wird der Wunsch laut, durch Stiftungen im Geist und Sinne des unvergeßlichen Fürsten, also durch Anstalten für Volksbildung und Volkswohl, mit neuem Schmuck Seinen Namen den kommenden Geschlechtern, zum Bild der Eintracht, der Liebe und Verehrung, zu überliefern.[3]

Im Weiteren wird berichtet, dass sich ein freiwilliger Verein aus Bürgern gegründet habe, der seine edlen Absichten für die ärmeren Schichten der Bevölkerung demnächst öffentlich verkünden werde. Das geschah am 6. November 1828 mit einem hochgradig patriotischen Aufruf an die Bewohner[4] des Badischen Landes, in dem 23 Karlsruher Bürger angesehensten Standes, darunter führend auch Christian Griesbach, bekundeten, dass sie einen lokalen *Verein zur Begründung der Karl-Friedrich-Stiftung* gegründet hatten, dem sich Ortsvereine im ganzen Lande zugesellen werden, die jeweils Fonds ansammeln sollten. Die eingesammelten milden Beträge sollten gemeinnützig für das Volk, besonders für die ärmeren und mittleren Klassen, Verwendung finden, etwa für "Schuleinrichtungen zu besserer Bildung des Handwerksstandes, oder ... Lehrgelder, oder ... Erziehung armer hülfloser Waisen, oder ... Ausstattung unbemittelter tugendhafter Bürgerstöchter, oder sonst ... irgend eine wohlthätige Anstalt ...". Allerdings wird am Ende bemerkt, dass die statutenmäßige Einrichtung der Stiftung, ihre Verwaltung sowie die Erhebung der Beiträge der Großherzoglichen Regierung überlassen bleibt. Im weiteren Verlauf des

2 *Karlsruher Zeitung Nr. 307*, S. 1781f., 4. November 1828.

3 *Karlsruher Zeitung Nr. 308*, S. 1789, 5. November 1828.

4 *Karlsruher Zeitung Nr. 311*, S. 1809-1811, 8. November 1828. Auch *Karlsruher Intelligenz- und Wochenblatt Nr. 91*, S. 587-588, 13. November 1828.

Jahres 1828 schweigt sich die *Karlsruher Zeitung* aus über diese Karl-Friedrich-Stiftung. Doch wurden tatsächlich viele örtliche Vereine im Lande gegründet. Der Karlsruher Verein wird später wieder ins Spiel kommen. Offensichtlich sah damit Griesbach die Gelegenheit, seinem Aufruf aus dem Jahre 1820, der nur ein schwaches Echo erzeugt hatte, weitere gemeinnützige Taten auf breiterer Basis folgen zu lassen.

Über die Folgen des Aufrufs des Jahres 1820 wurde die Öffentlichkeit neun Jahre später informiert. In der Vorweihnachtszeit 1829 erschien im *Karlsruher Intelligenz- und Wochenblatt* vom 29. November 1829 eine namentlich unterzeichnete ganzseitige *Bekanntmachung*, in der Griesbach mitteilte, dass jener Fonds, offensichtlich der 1820 zur Sprache gebrachte, durch sein "kleines Capital" und dessen Zinserträge sowie durch wohltätige Gaben angewachsen ist:

> Es ist dem verehrten Publikum bekannt, dass sich unter meiner Verwaltung ein Fonds bildet zur Errichtung einer Verpfründungs- und Versorgungsanstalt für alte, oder gebrechliche arbeitsunfähige Personen. Ich habe die Ehre von dem dermaligen Stand dieses Fonds Mitteilung zu geben. (Griesbach 1829a, S. 681)

Die ursprünglichen 500 Gulden nämlich seien dank Zins und Zinseszins auf ungefähr 900 Gulden angewachsen. Eine Wohltäterin habe eine Obligation nebst Zins zu insgesamt 220 Gulden geschenkt, eine weitere einen Flügel, der in einer Lotterie 496 Gulden eingetragen und dessen neue Besitzerin ihn für eine zweite Lotterie zur Verfügung gestellt habe, welche zusätzliche 275 Gulden erbracht habe. Dazu sei ein Barbetrag von 20 Gulden eingegangen, so dass der genannte Fonds zur Errichtung einer Verpfründungs- und Versorgungsanstalt jetzt über 1.911 Gulden verfüge. Hier konkretisierte Griesbach auch das gemeinnützige Ziel, dessen Errichtung er mit seinem Fonds anstrebte.[5]

Eine Erläuterung eines heute ungebräuchlichen Wortes mag hier am Platz sein. Unter 'Verpfründung' ist die Übergabe eines Vermögens im Tausch gegen eine Leibrente zu verstehen. Das abgeleitete Wort 'Pfründner' hat hingegen zwei Bedeutungen. Es kann erstens einen solchen Leibrentier bezeichnen, zweitens aber einen mittellosen Zeitgenossen, auch

[5] Griesbachs Bekanntmachung fand ein Echo im Cotta'schen *Hesperus*. Der ungenannte Korrespondent berichtete über den Plan und den Fonds, der "dermalen erst aus 1911 fl." bestehe. Ob dieser Spärlichkeit ergänzte er trocken: "Man sieht wenigstens, daß in Baden der gute Wille zu helfen nicht fehlt." (anon. 1830, S. 29, vom 9. Januar).

Armen-Pfründner genannt, der barmherzigerweise in eine Verpfründungsanstalt aufgenommen wird, wenn auch in der Regel zu schlechteren Konditionen als der richtige Pfründner.

Griesbach erläuterte im weiteren, der Wunsch sei aufgekommen, einen Plan für die zu gründende Anstalt zu entwerfen. Einen solchen Plan aus 12 Paragraphen nebst Anmerkungen ließ er der eben zitierten *Bekanntmachung* folgen, brachte aber vor, dass derartig Statuten der Bewilligung durch die Regierung bedürften. (Griesbach 1829b)

Die geeignete Gelegenheit für die Einbeziehung der Regierung ergab sich im folgenden Jahr beim Regierungsantritt eines neuen Herrschers. Großherzog Ludwig I. verstarb an den Folgen eines Nervenschlags in den frühen Stunden des 30. März 1830, so sein Nachfolger, der trotz der nur morganatischen Ehe seiner Eltern erbberechtigt war und umgehend als jetzt regierender Großherzog Leopold in der *Karlsruher Zeitung Nr. 89* (S. 545) vom selben Tag diesen Trauerfall bekannt geben ließ. Zwar hatte Ludwig I. einige Söhne gezeugt, dies allerdings mit Müttern, die nicht ebenbürtig oder standesgemäß waren. So konnte Leopold als Angehöriger einer Nebenlinie des Adelsgeschlechts der Zähringer Badischer Großherzog werden.

Über dieser Thronfolge lag der Dunstschleier eines 1829 entstandenen Gerüchtes, das bis heute nicht gänzlich aus der Welt geschaffen werden konnte. Dies besagte, der 1828 in Nürnberg aufgetauchte Kaspar Hauser sei niemand anders als der angeblich gestorbene, tatsächlich aber von Leopolds Mutter gegen ein todkrankes fremdes Kind ausgetauschte Sohn des Großherzogs Karl Ludwig Friedrich, somit der Erbprinz und Urenkel des ersten Großherzogs Karl Friedrich. Die Karlsruher Bevölkerung war über Kaspar Hauser ausreichend informiert. *Das Karlsruher Unterhaltungsblatt*[6] hatte in seinen ersten vier Heften des Jahrgang 1830 sehr ausführlich über ihn und sein Schicksal berichtet. Darin wird auch die Vermutung des Nürnberger Bürgermeister Binder genannt, dass es sich um einen Fall des "Betrugs am Familienstande" und der Beraubung der "Vorzüge vornehmer Geburt" handeln könnte.

Folglich wird in Baden wie in ganz Europa das Gerücht im Schwange gewesen sein, Leopold sei nicht bloß wegen der morganatischen Abstammung, sondern auch sonst und überhaupt nicht der rechtmäßige Erbe

6 Kaspar Hauser in Nürnberg. *Das Karlsruher Unterhaltungsblatt. Ein für alle Stände, Jung und Alt, interessantes und belehrendes Bilderwerk, 3.* Jg. 1830, S. 1-4+5-8+10-12+14-16.

des Großherzogenthrons. Dieser zweifache Zweifel an der Legitimität Leopolds trug dazu bei, dass Bayern seinen Anspruch auf Übergabe der rechtsrheinischen Vorderpfalz, anders formuliert, des Nordens des Großherzogtums Baden, verschärft vortrug. Das Gebiet um Heidelberg und Mannheim hatte lange unter Wittelsbacher Herrschaft gestanden, war aber 1803 durch den Reichsdeputationshauptschluss an das damalige Kurfürstentum Baden, das spätere Großherzogtum Baden, gefallen. Bayern hatte auf dem Wiener Kongress die linksrheinische Vorderpfalz (zurück-) bekommen und begehrte eine Landverbindung von dort zum bayerischen Kernland durch Übernahme auch der rechtsrheinischen Vorderpfalz. Dabei konnte es sich auf eine Klausel im Badischen Staatsvertrag berufen, die besagte, die rechtsrheinische Vorderpfalz werde an Bayern zurückfallen, falls der Mannesstamm des Geschlechts der Zähringer aussterbe, und diesen Fall sah Bayern durch den Tod des Großherzogs Ludwig I. eingetreten. Zwar boten die europäischen Großmächte der Forderung Bayerns durch Garantieerklärungen an Baden Einhalt, doch erschien es aus dem Gesamtbild aller genannten Gründe ratsam, dass sich der nachfolgende Großherzog Leopold bei seinen Untertanen auf der Stelle hoch geschätzt und beliebt mache.

Das Leichenbegängnis für Ludwig I. wurde für den 3. April 1830 angesetzt. Die Huldigung Ihrer Königlichen Hoheiten des neuen Großherzogs Leopold und der Frau Großherzogin Sophie durch die Stadt Karlsruhe fand am 2. April in einer Deputation der höchsten Amtsträger der Residenzstadt statt.[7] Die folgenden Wochen sahen eine Kette unterschiedlichster Huldigungen in Karlsruhe selbst sowie bei den Reisen des neuen Großherzoglichen Paares durch seine Lande, gewiss nicht zufällig zunächst in den bayerisch begehrten Norden Badens. Man versprach sich in Baden viel von einer neuen Regierung, insbesondere die Achtung der Verfassung, die Verbreitung freiheitlicher Ansichten und Wohlfahrt für das ganze Land.

Leopold von Gottes Gnaden, Großherzog von Baden etc. verbreitete alsbald gute Laune im Lande und beseitigte bereits am 22. April 1830 einige Steuern, so etwa:

> Auf den unterthänigsten Bericht Unseres Finanzministeriums, daß die gegenwärtige Lage der Finanzen eine weitere Verminderung der bestehenden Abgaben gestatte; durchdrungen von dem Wunsche, unseren getreuen Unterthanen die

[7] *Karlsruher Zeitung Nr. 96*, S. 585, 6. April 1830 .

> hiernach mögliche Erleichterung auf eine dem allgemeinen Interesse entsprechende Weise zu gewähren, etc. etc.[8]

so wird das im Straßengeldgesetz vom Jahre 1820 festgesetzte Chausseegeld zum 1. Juni 1830 abgeschafft. Der Bürger wird jetzt ohne Mautabgaben durch das ganze Land reisen können, dessen Zusammenhalt bestärken und sein Geld in anderer Weise ausgeben, etwa für wohltätige Stiftungen.

Jochmanns Testament

Am selben Donnerstag, 22. April 1830, setzte Carl Gustav Jochmann in Karlsruhe sein Testament[9] auf. Er bestellte Christian Griesbach zu seinem Testamentsexekutor, soweit es die Besitztümer in Deutschland betraf, und bedachte ihn im sechsten Abschnitt mit einem besonderen Vermächtnis:

> Meinem lieben, verehrten Freunde Herrn Christian Griesbach hierselbst, vermache ich als Zeichen meiner Achtung und Freundschaft meine goldene RepetierUhr mit den dazu gehörigen in Gold gefaßten Pettschaften und Uhrschlüssel, meine goldene Tabacksdose und mein gutes Canapee, auf dem wir so manches freundliche Wort mit einander gewechselt haben, endlich, was seinem redlichen Herzen die meiste Freude machen wird, die Summe von Zweytausend Gulden (2000 f.) zu dem unter seiner Verwaltung sich bildenden Fond zur Errichtung einer Verpfründungs- und Versorgungs-Anstalt für alte oder gebrechliche, arbeitsunfähige Personen.[10]

[8] *Karlsruher Zeitung Nr. 124*, S. 766, 5. Mai 1830.

[9] Das Datum nennt der Testamentsexekutor Griesbach im *Karlsruher Intelligenz- und Wochen-Blatt Nr. 100*, S. 681, 16. Dezember 1830. Es steht auch auf der Kopie des Testaments im estnischen Staatsarchiv, vgl. die folgende Fußnote.

[10] Das Testament Jochmanns existierte in zwei Exemplaren. Ein Exemplar nahm er mit auf seine Reise, die in Naumburg endete, das andere hatte er bei Griesbach hinterlegt. Da keins der beiden Originale bisher aufgefunden wurde, wird hier nach der Kopie zitiert, die das Großherzogliche Badische Stadtamt am 1. November 1830 anfertigte und über den russischen Chargé d'Affaires in Karlsruhe an das Landgericht in Riga schickte, damit dort Jochmanns letzter Wille, soweit er die russischen Besitztümer und Erben betraf, ausgeführt werden konnte. Dieses Dokument liegt im estnischen Staatsarchiv (Rahvusarhiiv) in Dorpat (Tartu) unter der Signatur EAA.1279.3.440. In dieser Kopie befindet sich im zitierten Abschnitt die Merkwürdigkeit, dass das zweifelsfrei gemeinte Wort

Dass Jochmann es unterließ, die Namen der badischen Herrscher, mit denen sich die Stiftung und deren Anstalt wenig später schmücken durfte, zu nennen, mag daran liegen, dass er das Testament zu einer Zeit aufsetzte, in der diese Bezeichnung noch nicht im Gespräch oder zumindest noch nicht "allergnädigst aufgenommen" war. Seinen republikanischen Impulsen hätte die Bezeichnung möglicherweise widerstrebt.

Weiter ist festzuhalten, dass Jochmann seine Spende bedingt für seinen Todesfall vermacht, nicht aber unmittelbar zeitgleich zur Gründung der Anstalt übergibt. Da Jochmann jetzt vierzig Jahre alt war, hätte sich die Übergabe nach abstraktem Ermessen um manche Jahre oder Jahrzehnte verzögern können. Andererseits war Jochmann sich seines hinfälligen Gesundheitszustandes sehr bewusst und mag angenommen haben, dass zwischen einer Spende im laufenden April 1830 und einem testamentarischen Vermachen kein bedeutsamer zeitlicher Unterschied bestehen werde.

Der erste Name der Verpfründungs- und Versorgungs-Anstalt

In der freudig gehobenen Stimmung des Antritts des neuen, als milde und warmherzig geltenden Herrschers legte das Stadtamt Karlsruhe der Regierung den Wunsch vor, dass die von Griesbach vorgeschlagene wohltätige Stiftung unter dem Namen des neuen Herrscherpaares gegründet werden dürfe. Leider ist das hier zitierte Blatt des Stadtamtes, das diesen glücklichen Wunsch vorträgt, undatiert, es wird aber vom Ende April 1830 stammen:

> Es ist der allgemeine Wunsch, Unserem erhabenen Regenten, welchem wir jüngst mit Mund und Herz huldigten, Unsere Freude bei dem Antritt seiner

'Verpfründungs-' so eigenartig geschrieben wurde, dass die nicht sehr sinnvolle Lesung 'Verpfändungs-' ebenfalls möglich ist. Diese Lesung hat Julius Eckardt (1863, S. 341; 1868, S. 312) vorgenommen, doch in der 2. Auflage seines Buches hat er dieses Wort einfach ausgelassen (1869, S. 355), vermutlich einsehend, dass 'Verpfändung' unsinnig ist. Leider nennt Eckardt nicht, welche Vorlage er verwendete, es ist aber anzunehmen, dass er eine Abschrift der von Karlsruhe nach Riga versandten Kopie erhalten hatte, an der mancherlei orthographische und interpunktuelle Veränderungen vorgenommen waren. Eberhard Haufe wiederum hat die Fassung und damit auch die unglückliche Lesung der Erstveröffentlichung Eckardts übernommen (Haufe 1979, S. 252; 1990a, S. 238).

> Regierung, und unsere Anhänglichkeit an Sein hochgeliebtes und verehrtes Haus bezeugen zu können.
> Nach mehrseitiger Überlegung, und eingeholten Rathschlägen dürfte es sowohl den edlen Gesinnungen Unseres erhabenen Fürstenpaares, als auch den Wünschen der Bürger- und Einwohnerschaft entsprechen, das Andenken an diese Epoche, anstatt durch glänzende Feierlichkeiten, durch eine bleibende Handlung der Wohlthätigkeit zu ehren, und für ewige Zeiten eine Verpfründungs- und Versorgungs-Anstalt zu begründen, unter dem Namen
> Leopold und Sophien Stiftung.
> Man hat sich daher mit der Idee vereinigt, welche einer unserer Mitbürger längst geäußert, und im vorigen Jahr dem Publicum mitgetheilt hat.[11]

Im weiteren wurden Zweck dieser Stiftung und zusätzliche Planungen entwickelt. Noch bevor diesem Wunsch an das regierende Herrscherpaar entsprochen werden konnte, gab das Stadtamt Karlsruhe am 8. Mai 1830 bekannt:

> Die städtischen Behörden haben beschlossen, zur Feyer dieser Tage anstatt solenner Festivitäten, ein Verpfründungs- und Versorgungs-Haus für alte und gebrechliche Personen, unter dem Namen: Leopold und Sophien Stiftung zu gründen, welches für Hülfs-Bedürtige aller Stände gewidmet seyn soll. Die Bürgerschaft hat sich aus freyem Antrieb zur Sammlung freywilliger Beträge zu diesem Zwecke vereinigt.
>
> Obgleich diese Sammlungen nur unter der Bürgerschaft statt finden, so wurde doch von den Mitgliedern unserer Staats-Behörden bereits der Wunsch ausgedrückt, von dem Plane nähere Kenntniß zu erhalten, um sich mit etwaigen Beyträgen anschließen zu können. Da vielleicht noch Andere diesen Wunsch theilen, und zu wohlthätigem Zweck jede freywillige Gabe willkommen ist, so wird dem Großherzoglichen Landamt ein Exemplare des Plans und der Subscriptions-Bogen zur geneigten Kenntnißnahme und zum gutfindenden Gebrauch mitgetheilt, mit dem Ersuchen, die etwanigen Subscriptionen entweder dem Bureau der Großherzoglichen Polizey- und Stadt-Direction oder des Stadtraths oder dem Herrn Handelsmann Griesbach gefälligst zuzusenden.
>
> Carlsruhe den 8ten May 1830.[12]

Die *Karlsruher Zeitung* vom 17. Mai 1830 berichtete über den 13. Mai, an dem das Großherzogliche Paar von seiner mehrtägigen Huldigungsreise nach Mannheim und nach Heidelberg in die Residenz zurückkehrte. Ihre Hoheiten hatten sich jede Empfangsfeierlichkeiten in Karlsruhe verbeten,

[11] Generallandesarchiv Karlsruhe 357/3898.
[12] Generallandesarchiv Karlsruhe 357/3898.

gleichwohl empfingen unzählige Menschenmengen sie mit herzlichstem Lebehochrufen. Die Stadt wollte statt der untersagten Feierlichkeiten ein Werk der Wohltätigkeit vorbringen:

> Es ward beschlossen, eine Verpfründungs- und Versorgungsanstalt alter und arbeitsunfähiger Personen unter dem Namen, Leopold- und Sophien-Stiftung, ins Leben zu rufen; eine Idee, die früher schon ein achtbarer Bürger angeregt hatte. Eine Deputation der Stadt- und Polizeidirektion, der Stadtpfarrer beider Konfessionen, des Stadtraths und Bürger-Ausschusses durfte ihren königlichen Hoheiten, durch den Stadtdirektor Geheimen Rath Baumgärtner, diesen Wunsch und diese Bitte unmittelbar vortragen, und erhielten in den huldvollsten Aeusserungen die freundlichste Gewährung, die ermunterndste Anerkennung und Unterstüzung.[13]

Die *Karlsruher Zeitung* berichtete außerdem, dass der Großherzog einen Bauplatz spendieren werde und dass der Oberbürgermeister Dollmätsch[14] und der Handelsmann Griesbach je eine Adresse an das Herrscherpaar überreichten, die in Gänze dort abgedruckt sind. Mit dieser öffentlichen Aufführung der Gründung und Namensgebung seiner Stiftung erreichte Griesbach, wie sich in den nächsten Monaten zeigen wird, ein außergewöhnliches Spendenecho. Und Griesbachs Freund Jochmann wird sich posthum beteiligen, doch dazu etwas später.

Griesbach erfreute sich weiterhin bester Kontakte zum neuen Hofe. Am 14. Mai hatte er als Angehöriger des Vorstandes des Kunst- und Industrie-Vereins an einer Audienz teilgenommen, in der Hoheit die Bitte vorgetragen wurde, das Protektorat[15] über diesen Verein zu übernehmen, was auch gewährt wurde.

Am 16. Mai 1830 druckte das *Karlsruher Intelligenz- und Wochen-Blatt Nr. 39* (S. 269) folgende Mitteilung vom selben 14. Mai, die von neun Honoratioren, darunter selbstverständlich auch Christian Griesbach, unterzeichnet ist:

[13] *Karlsruher Zeitung Nr. 136*, S. 837, 17. Mai 1830.

[14] (Joseph) Bernhard Dollmätsch (1780-1945), Bürgermeister unter Griesbach, dann Nachfolger Griesbachs als Oberbürgermeister von 1816 bis 1830, von 1822 bis 1828 Mitglied der Zweiten Kammer des Badischen Landtags.

[15] *Großherzogliches Staats- und Regierungs-Blatt, 28. Jg.*, S. 67, 4. Mai 1830. *Karlsruher Zeitung Nr. 142,* S. 877, 5. Mai 1830.

> Nachdem Ihre Königliche Hoheiten die unterthänigste Bitte der hiesigen Einwohnerschaft, zur Feyer Höchst Ihres Regierungsantritts, unter der Benennung:
>
> Leopold und Sophien-Stiftung
>
> eine Verpfründungs- und Versorgungs-Anstalt alter oder arbeitsunfähiger Personen, zum ewigen Gedächtniß gründen zu dürfen, allergnädigst aufgenommen haben, so ergieng von Großherzoglicher Stadtdirektion dem Stadtrath und Bürgerausschuß an Unterzeichnete die Einladung, die vorläufige Verwaltung zu übernehmen und die Vorbereitungen zu treffen, welche erforderlich seyn dürften, diese Anstalt unverzüglich ins Leben zu rufen.

Außerdem teilten die neun vorläufigen Stiftungs-Verwalter mit, dass Fonds und Beiträge hiesiger Einwohner eingesammelt werden, dass über den auszuführenden Bau bald berichtet werde und ausführliche Statuten in Arbeit seien.

Am 17. Mai 1830 begab sich Carl Gustav Jochmann auf die Reise ohne Wiederkehr, um den homöopathischen Arzt Samuel Hahnemann im anhaltinischen Köthen aufzusuchen. Zuvor hinterlegte er ein Exemplar seines Testaments bei Christian Griesbach. Dass das großherzogliche Paar sich mit der Verwendung beider Namen zur Benennung der Stiftung soeben einverstanden erklärt hatte, wird Griesbach ihm berichtet, einen Grund zur Änderung der Formulierung des Testaments wird darin niemand gesehen haben. Aber es darf immerhin davon ausgegangen werden, dass Jochmann diese frühe Benennung der Stiftung, zu der er testamentarisch erheblich beizutragen beabsichtigte, hatte zur Kenntnis nehmen können.

Die Entwicklung des Spendenaufkommens für die Verpfründungs- und Versorgungsanstalt

Im Weiteren wird gezeigt, wie die *Leopold- und Sophien-Stiftung* zur *Karl Friedrich-, Leopold- und Sophien-Stiftung* wurde, wie sich die Spendenentwicklung gestaltete und wann und wie Jochmanns Beitrag der Stiftung zufloss.

Die neue Stiftung wird publizistisch kräftig unterstützt. Das *Karlsruher Intelligenz- und Wochen-Blatt Nr. 41* vom 23. Mai 1830 (S. 285f.) wiederholte die Mitteilung von 14. Mai wortgleich eine Woche später. Die vorläufigen Verwalter der Stiftung berichteten den ganzen Sommer 1830 in diesem Blatt über die einlaufenden Spenden und deren Spender. Die erste Mitteilung dazu erscheint in Nr. 43 am Sonntag, den 30. Mai (S. 299-300). Die *Leopold- und Sophien-Stiftung* wird in den folgenden Monaten ansehnlich bedacht werden, wozu die publizistische Darstellung des Aufkommens sicher beitrug.

Außerordentlich großzügig zeigte sich der Bankier Weltzien[16] aus St. Petersburg, der 500 Gulden spendierte. Obersthofmeister Baron von Munk gab 100 Gulden, seine Frau Gemahlin ebenfalls. Deren Dienstmädchen Nannette Rutschmann sammelte bei mehreren Dienstmädchen 23 Gulden und 30 Kreuzer ein. Männliche Dienstleute legten ebenfalls zusammen und kamen auf 4 Gulden. So geht es in der Aufstellung fort. Es gaben ein Musikdirektor, ein Zahlmeister, ein Hofrat, ein Staatsrat, ein Regierungsrat und so fort, allesamt namentlich genannt mit genauer Angabe der Summe auf Gulden und Kreuzer. Diese schwanken von 2 bis 100 Gulden. Die Summe der Stiftung beträgt 2006 Gulden und 27 Kreuzer.

Nicht in Ziffern zu benennen sind außerdem die versprochenen Leistungen vieler Handwerker, die der zu bauenden Anstalt Anstreicher-, Schreiner-, Glaser- und Schlosserarbeiten zukommen lassen wollten.

Der ältere Griesbachische Fonds wird erwähnt, allerdings noch ohne Wertangabe. Das ändert sich mit der Mitteilung im *Karlsruher Intelligenz- und Wochenblatt Nr. 44* vom 3. Juni 1830 (S. 307-308). Dort werden die Angaben der vorausgegangenen Mitteilung wiederholt, doch werden ihnen zwei Zeilen vorausgesetzt. Die erste nennt die Summe des Griesbachischen Fonds, 2.000 Gulden, der jetzt in die Leopold- und Sophien-Stiftung einfließt, die zweite eine Spende der Stadtkasse über 5.000 Gulden.

Es ist anzunehmen, dass Jochmann den Betrag des Griesbachischen Fonds bereits kannte und daher die gleiche Summe, 2.000 Gulden, testamentarisch verfügte. Seinen Freund mit einer höheren Summe zu übertrumpfen, wäre unfein gewesen, denn es darf vorausgesetzt werden, dass Griesbach als einer der reichsten Bürger Karlsruhes seinen Beitrag schmerzlos hätte erhöhen können. Da Griesbachs Fonds aus dem "kleinen Capital" von 1820 stammte und 1829 auf etwa 900 Gulden angewachsen war, ist sicher, dass die 2.000 Gulden des Jahres 1830 nicht allein aus weiteren Zinsgewinnen bestanden, sondern dass Griesbach den ursprünglichen Fond um fast 1.000 Gulden aufgestockt hatte.

Es wird sich im Laufe der Aufstellungen weiterer Spendensummen erweisen, dass Jochmann mit seiner Summe außerordentliche Großzügig-

[16] Karl v. Weltzien († 1849), Vater des Chemikers Karl Weltzien (1813-1870). Die Familie lebte seit 1823 in Karlsruhe. Der Vater Weltzien hatte sich schon als Etatsrat in St. Petersburg als großzügiger Stifter für Hospitäler betätigt (Reimers 1805, S. 136f.). Jochmann und Weltzien kannten sich, vgl. Jochmanns Brief an Sengbusch vom 20. September 1823.

keit bewies. Er und Griesbach boten die mit Abstand höchsten Beträge, die Privatleute spendeten. Durch die Beträge des Griesbachischen Fonds und der Stadtkasse erhöhte sich die Summe auf 9006 Gulden und 27 Kreuzer.

Die nächste Mitteilung zur Spendenlage brachte das *Karlsruher Intelligenz- und Wochen-Blatt Nr. 47* vom 13. Juni 1830 (S. 329-330). Eine beträchtliche Zahl neuer Spender wird hier namhaft gemacht, größtenteils Handwerker oder Kaufleute, mit Beträgen im ein- bis zweistelligen Gulden-Bereich. Die Summe beläuft sich nun auf 9.773 Gulden und 3 Kreuzer.

Die nächste Mitteilung erschien im *Karlsruher Intelligenz- und Wochen-Blatt Nr. 49* vom 20. Juni 1830 (S. 343-344). Wieder waren etwa achtzig Spenden aus allen Schichten der Residenzstadt vom Finanzrat zum Schieferdecker, vom Oberlieutenant zum Weinhändler, von Frau Obristin zu mancherlei Witwen eingegangen Die neue Summe stieg über die Schwelle Zehntausend auf 10.244 Gulden und 33 Kreuzer.

Es scheint, die ganze Stadt dränge danach, auf den Spendenlisten zu erscheinen. Die nächste Mitteilung im *Karlsruher Intelligenz- und Wochen-Blatt Nr. 50* vom 24. Juni 1830 (S. 347-348) nennt nahezu einhundert Obuligeber. Der Oberland-Rabiner Ascher Löw ist dabei, und es erscheinen weitere jüdisch klingende Namen wie Mayer Levi Stein, Besach Hirsch Meyer oder Löw Homburger. Das bescheidenste Scherflein sind die zwölf Kreuzer der Witwe Bernhard Ettlingers. Die Stiftung erreicht nunmehr 10.875 Gulden und 30 Kreuzer.

Der 27. Juni nennt weitere Spendeneingänge. Nach Angaben des *Karlsruher Intelligenz- und Wochen-Blattes Nr. 51* vom 27. Juni 1830 (S. 358-359) ergeben sie einen Anstieg auf 11.272 Gulden und 5 Kreuzer.

Der Höhepunkt des Spendenfiebers wurde am 4. Juli erreicht. Das *Karlsruher Intelligenz- und Wochen-Blatt Nr. 53* (S. 373-375) nennt fast zweihundert Wohltäter. Der spendabelste ist der jüdische Hofbankier Salomon v. Haber (1763-1839) mit 200 Gulden, der nächste ist Griesbach, der noch einmal 100 Gulden zuschießt. Sonst handelt es sich größtenteils um einstellige Beträge, doch auch die zwölf Kreuzer der Frau Kiefer sind willkommen. Das Konto enthält nun 12.432 Gulden und 47 Kreuzer.

Die nächste Mitteilung in *Karlsruher Intelligenz- und Wochen-Blatt Nr. 55* vom 11. Juli 1830 (S. 391-392) verzeichnet etwa hundertzwanzig Geldgeber weitestgehend bescheidener Beträge, so dass das Konto auf 12.995 Gulden und 47 Kreuzer sich summiert.

Für die Verwirklichung der Verpfründungs- und Versorgungsanstalt geschah ein entscheidender Schritt, als die Staatsministerialconclusion vom 15. Juli 1830 das Finanzministerium ermächtigte, der Leopold- und Sophien-Stiftung das Baugrundstück von einer “Waldparcelle am

Mühlburger Thor ... eigenthümlich abzutreten". Die Fläche der Parzelle bestand aus 4¼ Morgen und 39 (Quadrat-)Ruten, also etwa 4,35 badischen Morgen oder 1,57 ha. Pro Morgen waren 200 Gulden zu entrichten, insgesamt also 833 Gulden.[17]

Die Spendenfreudigkeit hält unvermindert an. Nach Mitteilung im *Karlsruher Intelligenz- und Wochen-Blatt Nr. 57* vom 18. Juli 1830 (S. 409-410) blieb die Anzahl Spendender etwa so hoch wie in der Woche zuvor. Das Konto wuchs auf 13.931 Gulden und 8 Kreuzer.

Am 24. Juli 1830 verstarb Carl Gustav Jochmann um sechs Uhr morgens an Lungenschwindsucht und gänzlicher Entkräftung, wie das Totenbuch der St.-Moritz-Kirchgemeinde in Naumburg es verzeichnet.[18] In Jochmanns Zeitalter konnte es lange dauern, bis diese Nachricht sich nach Karlsruhe verbreitete, zumal dort keine Familienangehörigen wohnten. Vermutlich wurde zunächst seine Schwester benachrichtigt, die in Riga ansässig war. In Karlsruhe ging die Sammlung für die Anstalt weiter.

Auch am 29. Juli 1830 konnte im *Karlsruher Intelligenz- und Wochen-Blatt Nr. 60* (S. 437-438) eine bemerkenswerte Zahl Spender, etwa hundertsechzig, konstatiert werden. Das Sammelkonto erhöhte sich auf 14.678 Gulden, 14 Kreuzer.

Das stetige, wenn auch gemächliche Anwachsen des Stiftungskontos und die Verfügbarkeit des Baugrundstückes ließen die Stiftungskommission die Ausführung der baulichen Maßnahmen als nicht mehr sehr ferne Möglichkeit betrachten. Die Kommission veröffentlichte daher am 3. August 1830 in der *Karlsruher Zeitung Nr. 213* (S. 1342-1343) und am 6. August in der *Nr. 261* (S. 1366) ebenso wie am 8. August 1830 im *Karlsruher Intelligenz- und Wochen-Blatt Nr. 63* (S. 461-462) diese allgemeine Aufforderung:

> Nachdem seine Königliche Hoheit der Großherzog zur Erbauung einer Verpfründungs- und Versorgungs-Anstalt dahier, den Platz zwischen dem Mühlburger Thor und den Zimmerplätzen, gnädigst bewilligt haben, so hat die wegen dieser Stiftung vorläufig niedergesetzte Commission die Ehre, die vaterländischen Baukünstler einzuladen, Baupläne nebst annäherndem Ueberschlag für eine solche Einrichtung einzusenden.

Zur Erläuterung sei gesagt, dass nicht das ursprüngliche Mühlburger Tor gemeint ist, das etwa dort stand, wo sich heute Kaiserstraße und Karlstraße kreuzen, sondern bereits das neue auf dem Platz, der heute so heißt. Das

[17] Generallandesarchiv Karlsruhe 233/32790.

[18] Vgl. Eberhard Haufe in Jochmann 1990b, S. 274.

Tor wurde zwischen 1817 und 1821 von Weinbrenner errichtet als ein wirkliches Stadttor mit Torwachthaus und Torschreibhaus, bewohnt von einem Torwart. Zimmerplätze nannte man Plätze an der nördlichen Seite der Stephanienstraße, auf denen Zimmerleute Baumstämme lagerten, zu Bauholz verarbeiteten und Zimmergesellen nächtigen ließen. Die Postanschrift des zukünftigen Stiftungsgebäudes wird Stephanienstraße 84 sein, damals das letzte Haus auf der rechten Seite.

Die zitierte Aufforderung der Kommission erläuterte im Weiteren den doppelten Zweck der Stiftung, die Aufnahme von Pfründnern, die sich einkaufen, und auch die Versorgung armer Personen. Für alle solle hinsichtlich der Gesundheit gleiche Vorsorge getroffen werden, die Wohnungen der Pfründner aber sollten von denen der Armen getrennt sein. Es werden zwölf Pfründner aufgenommen werden, acht von ihnen sollten Einzelzimmer bekommen, die anderen vier Doppelzimmer. Für die 24 Armen sollten 6 Zimmer gebaut werden. Je ein Speisesaal für Pfründer und für Arme seien vorgesehen. Gemeinschaftlich genutzt werden sollten hingegen ein Betsaal, eine geräumige Küche sowie eine kleine Nebenküche, etwa für Israeliten, zwei Badezimmer, und manches mehr sei einzuplanen. Zierrat solle am Bau nicht vorkommen, nur die Inschrift 'Leopold- und Sophien-Stiftung'. Bis zum 1. September des Jahres sollten die Herren Baukünstler Grund- und Aufrisse ihrer Planungen vorlegen.

Die Mitteilungen im *Karlsruher Intelligenz- und Wochen-Blatt* über die weiteren Spendeneingänge wurden fortgesetzt, doch die Zahl der Spender und die Beträge wurde schmächtig. Am 22. August wird die Summe mit 14.766 Gulden und 8 Kreuzern angegeben, am 12. September mit 14.964 Gulden, 13 Kreuzern.

Die außergewöhnliche erfolgreiche Sammelaktion[19] fand journalistisches Echo auch außerhalb Badens. Die in Dresden und Leipzig hergestellte *Abend-Zeitung auf das Jahr 1830* verbreitete einen Bericht, verfasst, wie es heißt, offensichtlich von einem ortskundigen Korrespondenten:

> *Aus Karlsruhe. Am 1. Sept. 1830.* Während im Laufe dieses Sommers ein Fest das andere in verschiedenen Gegenden des Großherzogthumes verdrängte und die Bewohner ihre Freude über die Anwesenheit eines geliebten Regentenpaares aussprachen, war es hier ziemlich stille. Auf ausdrücklichen Befehl des Großherzogs durften bei der Rückkehr der fürstlichen Familie aus der [Vorder-]Pfalz keine Feierlichkeiten Statt finden. Die hiesigen Einwohner suchten daher auf andere dem Gegenstande würdige Weise ihre freudigen Empfindungen

[19] Wer mag, kann darin eine vorelektronische Form des *crowd funding* sehen.

> auszudrücken. Zur Gedächtnißfeier dieses Tages ward eine Geldsammlung veranstaltet, womit ein Krankenhaus [!] erbaut werden soll, welches den Namen „Leopold und Sophien-Stiftung" führen wird. Die reichen Beiträge versprechen diesem schönen Unternehmen den günstigsten Erfolg und noch in späten Zeiten wird in diesem Gebäude, wozu Se. K. Hoheit einen sehr geräumigen Platz angewiesen haben, der Name des geliebten Fürstenpaares in dankbarer Erinnerung gepriesen werden.[20]

Der Zweck der Geldsammlung wurde hier von dem angeblich ortskundigen Korrespondenten unzutreffend bezeichnet. Die Sammlung lief weiter, am 24. Oktober 1830 belief sich das Konto sodann auf 15.584 Gulden, 40 Kreuzer. Dieser letzte, durchaus ansehnliche Zuwachs ergab sich nicht aus einer Vielzahl Geldgebern, sondern durch die 500 Gulden, die Markgraf Wilhelm von Baden und dessen Gattin Markgräfin Elisabeth von Württemberg gestiftet hatten. Wilhelm (1792–1859), Präsident der Ersten Kammer der Badischen Ständeversammlung, war der jüngere Bruder des Großherzogs Leopold aus der morganatischen Ehe ihres Vaters Karl Friedrich. Am 16. Oktober 1830 hatte Wilhelm im königlichen Schloss zu Stuttgart die Herzogin Elisabeth von Württemberg (1802–1864) geehelicht[21], und aus diesem Anlass sich als Wohltäter in einer offensichtlich populären Sache erwiesen.

Dieses höfische Vorbild der Wohltätigkeit steckte an. Am 31. Oktober konnte das *Karlsruher Intelligenz- und Wochen-Blatt Nr. 87* (S. 609-610) erneut einen hübschen Kontozuwachs ausweisen, denn die Mitglieder des Großherzoglichen Hoftheaters und des Großherzoglichen Hoforchesters waren wie geschlossen zum Hergeben angetreten. Vom Kammersänger Haizinger, 10 Gulden, 48 Kreuzer, über die Choristin Nanette Müller, 1 Gulden, und den Orchesterdirektor Witzenmann, 2 Gulden, 42 Kreuzer, bis zum Beleuchter Lorenz, 1 Gulden, war alles vertreten. Der resultierende Kontostand belief sich nunmehr auf 15.897 Gulden und 4 Kreuzerlein.

An 16. Dezember 1830 hatte das *Karlsruher Intelligenz- und Wochen-Blatt Nr. 100* (S. 681) einen äußerst auffallenden Sprung der Kontohöhe auszuweisen, verursacht in erster Linie durch das Vermächtnis, das Jochmann testamentarisch festgelegt hatte und das nun eintraf, nachdem die erbrechtlichen Prozeduren abgeschlossen waren. Der neue Kontostand lag bei 17.925 Gulden, 40 Kreuzer. Die Kommission der Leopold- und

[20] *Abend-Zeitung auf das Jahr 1830, 3. Bd. Nr. 232*, S. 928, 28. September 1830.
[21] *Karlsruher Zeitung Nr. 290*, S. 1849, 19. Oktober 1830.

Sophien-Stiftung, also offensichtlich Griesbach selbst, vermerkte zu diesem außergewöhnlichen Anstieg:

> Herr Consulent J o c h m a n n aus Riga, welcher einige Zeit hier lebte und am 22. April d. J. dahier sein Testament errichtete, starb diesen Sommer in Naumburg; bei Eröffnung seines letzten Willens ward ein Legat von 2000 fl. für diese Stiftung bekannt; nachdem nun die Haupterbin das Testament anerkannt hatte, überließ der Vollstrecker des letzten Willens der Stiftungsverrechnung diese 2000, welche die Commission, vorbehaltlich der noch zu erwirkenden hohen Staatsgenehmigung, annahm.

Die Haupterbin war Jochmanns Schwester Wilhelmine Amalie, geboren 1791, derzeit wohnhaft in Riga, und der Vollstrecker des Testaments war bekanntlich Griesbach. Die Erfordernis der staatlichen Genehmigung für den Geldsegen mag daher kommen, dass der Geber ein Untertan einer fremden Macht, des russischen Reiches, gewesen war. Diese Genehmigung ließ nicht lange auf sich warten. Kaum war das Jahr 1831 angetreten, konnte das *Großherzoglich Badisches Staats- und Regierungs-Blatt, 29. Jg., I.* am 3. Januar auf Seite 4 konstatieren:

> (Stiftung zu wohlthätigem Zweck)
>
> Der in Naumburg gestorbene RechtsConsulent Karl Gustav J o c h m a n n aus Riga, der sich mehrere Jahre im Großherzogthum aufgehalten, hat durch letztwillige Verfügung zu dem hiesigen, unter dem Namen der Leopold- und Sophien-Stiftung sich bildenden Fonds zur Errichtung einer Verpfründungs- und Versorgungs-Anstalt für alte und arme Personen die Summe von zweitausend Gulden, und den hiesigen Armen, ohne Unterschied der Religion und ohne Rücksicht, ob sie zur hiesigen Stadtgemeinde gehören oder nicht, den Betrag von zweihundert Gulden vermacht.

Die von Jochmann testamentarisch ferner getätigte Spende für die Armen Karlsruhes wird hier anerkannt und offensichtlich ebenso staatlicherseits genehmigt wie die Spende für die Leopold- und Sophien-Stiftung. Die öffentliche Danksagung der Großherzoglichen Armen-Commission für Jochmanns 200 Gulden wurde am 13. Januar 1831 im *Karlsruher Intelligenz- und Wochen-Blatt Nr. 4* (S. 21) auf der ersten Seite an erster Stelle publiziert:

> Das hiesige Allmosen erhielt:
>
> 1) Durch Vermächtniß des in Naumburg verstorbenen Rechtsconsulenten J o c h m a n n aus Riga 200 fl.
>
> ...

was hiermit unter Beifügung unseres Dankes öffentlich zur Kenntniß gebracht wird.

Doch bleiben wir bei der Leopold- und Sophien-Stiftung. Die Darstellung des stetigen Anwachsens ihres Kontostandes wurde hier mit manchen Einzelheiten dargestellt, um dadurch zweierlei deutlich zu machen, einmal die erstaunliche Anzahl der Gebenden, die aus völlig unterschiedlichen sozialen Schichten stammend sich die Verpfründungs- und Versorgungs-Anstalt zu ihrer bürgerlichen Angelegenheit gemacht hatten, und zweitens die außergewöhnliche Höhe und damit die Bedeutung des Beitrags, den Jochmann geleistet hatte.

Der Bau der Anstalt, die Erweiterung des Namens der Stiftung und die Würdigung des von Jochmann stammenden Beitrags

Griesbach legte im Namen der Kommission der Leopold- und Sophien-Stiftung zum Jahreswechsel der Großherzoglichen Stadtdirektion einen *Bericht den Bau des Stiftungshauses betreffend* vor, versehen mit den beiden Daten 29. December 1830 und 15. Jänner 1831. Die Kommission hatte sich für einen der eingereichten Baupläne entschieden und die Baukosten aufgestellt. Die Summe der Kosten der Bauarbeiten sollte 29.849 Gulden 90 Kreuzer sein.[22]

Am Sonntag, den 30. Januar 1831, findet sich im *Karlsruher Intelligenz- und Wochen-Blatt Nr. 9* (S. 55-56) eine Mitteilung der vorläufigen Kommission, offensichtlich von Griesbach, über ein Handschreiben des Großherzogs, in dem es heißt:

> Mit herzlicher Freude habe ich die Ueberzeugung gewonnen, daß die beabsichtigte Gründung einer Versorgungs-Anstalt für alte oder arbeitsunfähige Personen nun zum Vollzug kommen werde. Die vielfache Unterstützung, welche das schöne Unternehmen bereits gefunden, und wobei sich der mildthätige Sinn der hiesigen Einwohner so rühmlich bewahrte, muß Mir die Erinnerung an die erste Veranlassung doppelt werthvoll machen. Zur Bethätigung dieses Gefühls und Meiner dankbaren Würdigung lasse Ich Ihnen Meinerseits einen weiteren Betrag von 3000 fl. zugehen, und werde einem gesegneten Gedeihen fortwährend Meine besondere Theilnahme erhalten. Auch habe ich gerne dem Mir vorgelegten Verlangen entsprochen, die dereinst für die Carl Friedrichs Stiftung

[22] Generallandesarchiv Karlsruhe 236/5428.

> dahier gesammelten Beiträge jener Anstalt zuzuweisen, und dabei bestimmt, daß der Name Meines geliebten Vaters vorgesetzt, und das Institut künftig
> "Carl Friedrich, Leopold- Sophien-Stiftung"
> genannt werde.

Es folgen weitere Bemerkungen, nicht zuletzt zu dem "theuern Gedächtnißtage". Hierin ist jetzt der vollständige Name der Anstalt ausformuliert, dem nur noch ein 'und' eingesetzt werden wird. Diese Anstalt und dieser Name haben sich bis in unsere Gegenwart erhalten.

Dem Schreiben des Großherzogs folgt eins seiner Gattin, der Großherzogin Sophie, in dem sie mit herzlicher Rührung dafür dankt, dass ihr Name mit dieser Anstalt verbunden ist, und ihr einen Betrag von 1000 Gulden zur Verfügung stellt.

Beide Schreiben stammen vom 28. Januar 1831, einem geschichtsträchtigen Tag für Baden, denn am 28. Januar 1765 unterzeichnete August Georg, der letzte Markgraf von Baden-Baden, den Erbvertrag mit Karl Friedrich, dem Markgrafen von Baden-Durlach, der dazu führte, dass nach dem Tod August Georgs beide Staatswesen zur Markgrafschaft Baden ohne Bindestrichanhang unter Karl Friedrich vereinigt werden konnten.

Die Stadtdirektion leitete die Baukostenaufstellung am 30. Januar an das Ministerium des Innern weiter. Dabei verwendete sie bereits den erweiterten Namen der Stiftung als *Carl Friedrich Leopold und Sophien Stiftung*.[23]

Wie kam es zu dieser Namenserweiterung? Am 20. Februar 1831 erschien im *Karlsruher Intelligenz- und Wochen-Blatt Nr. 15* (S. 89) eine Bekanntmachung des Karlsruher Localvereins der zu gründenden landesweiten Karl-Friedrich-Stiftung, in der dieser verlautbart, dass Königliche Hoheit den Vorschlag genehmigt habe, die gesammelten Gelder diesen Localvereins für die Errichtung des Pfründnerhauses zu verwenden. Die soeben zitierte Verfügung Leopolds wird noch einmal abgedruckt. Dies betrifft wohlgemerkt nur den Localverein Karlsruhe. Die anderen über das badische Großherzogtum verteilten Localvereine werden andere Verwendungen ihrer Mittel finden. Anzunehmen ist, dass Griesbach hinter dem Vorschlag steckte, den Karlsruher Localverein der Karl-Friedrich-Stiftung in der Leopold- und Sophien-Stiftung aufzulösen und damit den Bau des Pfründnerhauses zu beschleunigen.

Am 10. März 1831 wird im *Karlsruher Intelligenz- und Wochen-Blatt Nr. 20* (S. 117) wieder der Kontostand der jetzt Carl Friedrich, Leopold-

[23] Generallandesarchiv Karlsruhe 236/5428.

und Sophien-Stiftung genannten Einrichtung angegeben. Die zu Jahresanfang angekündigten Beiträge des Herzogs und der Herzogin, zusammen 4.000 Gulden, sowie 3.000 Gulden von einer DienstbotenErziehungs-Anstalt, die Spenden eingesammelt hatte, aber hier als 'eingehend', also dahinscheidend, bezeichnet wird, und schließlich einige kleinere Spenden ergeben die Summe 25.069 Gulden und 34 Kreuzer.

Am 16. März 1831 teilte der Centralverein der beabsichtigten Karl Friedrichs Stiftung mit, dass aus Mangel an Übereinstimmung zwischen den Localvereinen keine allgemeine Landesstiftung zustande kommen konnte. Dadurch habe der Zweck des Centralvereins aufgehört, und daher solle der Centralverein aufgelöst werden. Den Bewohnern Karlsruhes sei bereits bekannt, dass die Mittel des hiesigen Localvereins dem Fonds der Karl Friedrich, Leopold und Sophien-Stiftung für den Bau der Verpfründungs- und Versorgungs-Anstalt einverleibt werden. Unterzeichnet ist diese Mittteilung von Griesbach und anderen.[24]

Am 15. Mai 1831 teilte die Carl Friedrich, Leopold- und Sophien-Stiftung im *Karlsruher Intelligenz- und Wochen-Blatt Nr. 39* (S. 235) mit, dass sie mit der (örtlichen) Carl-Friedrich-Stiftung vereinigt wurde und dass daher vom Karlsruher Localverein stammende 5.650 Gulden, von dem Centralverein nach Karlsruhe gehörende 2.223 Gulden, 11 Kreuzer, sowie eine Kleinspende jetzt das Stiftungs-Konto auf 32.945 Gulden, 27 Kreuzer, ansteigen lassen. Einige bereits zugesagte Spenden stünden noch aus.

Bei diesem Kontostand und den von Handwerkern zugesagten Bauleistungen stand dem Bau der Anstalt nichts mehr im Wege. Da es hier um Jochmann und die Stiftung geht, soll auf den weiteren und offensichtlich glücklichen Verlauf[25] der Geschehnisse nicht eingegangen werden. Es sei aber noch darauf verwiesen, dass am 17. April 1831 das *Karlsruher Unterhaltungs-Blatt. Ein für alle Stände, Jung und Alt, interessantes und belehrendes Bilderwerk* einen ausführlichen ungezeichneten Bericht *Über Verpfründungs- und Versorgungs-Anstalten* vorlegte. Es geht darin weniger allgemein um diese Anstalten als solche, wie der Plural suggerieren mag, sondern um die in Planung stehende Karlsruher Anstalt. Geschmückt wird der Artikel mit einem Aufriss der Straßenseite und den Grundrissen der Stockwerke des Bauwerks. Im Text wird, und das sei hier zitiert, auf die

[24] *Großherzoglich Badisches Anzeige-Blatt für den Kinzig- Murg- und Pfinz-Kreis, Nr. 23* (S. 144). 19. März 1831.

[25] Siehe dazu Heunisch 1833, S. 375f.; Weech 1898, S. 384-386.

Rolle Carl Gustav Jochmanns bei der Finanzierung der Anstalt nachdrücklich hingewiesen:

> Der jetzige Fond wird durch die Baukosten fast ganz aufgezehrt werden, allein die Commission, welche es über sich genommen hat, das Vorhaben ins Leben einzuführen, hofft auf fortgesetzte Geneigtheit einer – zur Wohlthätigkeit stets bereiten Einwohnerschaft, auf günstige Zufälle, auf unerwartete Schenkungen; auch hat sie bereits erfahren, wie unvermuthet das anerkannte zweckmäßige Gute Antheilnahme und Unterstützung findet: Ein Fremder – Consulent J o c h m a n n aus Riga war in den letzten Jahren seines früh geendeten Lebens Freund eines Mitglieds jener Commission. Jochmann, ein vielseitig gebildeter – und durch weite Reisen sehr unterrichteter Mann, gewann nach manchen Unterredungen den Plan des Freundes lieb, und vermachte dem Schooskind desselben 2000 Gulden; wenige Monate nach Errichtung des Testaments starb der Wohlthäter. So kann dasjenige, was in einfachem guten Sinn versucht, angefangen, gefördert wird, auf die Theilnahme milder Herzen, auf den Segen der waltenden Vorsehung zählen! (anon. 1831, S. 62-63)

Am 1. Mai 1831 begann der Bau, am 4. Mai wurde in Anwesenheit des Großherzogs der Grundstein[26] gelegt. Zwei Jahre später, am 15. Mai 1833, dem Namensfest der Großherzogin Sophie, konnte das Haus in der Stephanienstraße 84 bezogen werden. Der Großherzog stiftete vier badische Fuder[27], also 6000 Liter Wein, gewiss zur Freude und zum Steigern der Anhänglichkeit seiner Untertanen.

So war es zu der Verbindung der Namen der beiden Großherzöge, der Großherzogin und des Rechtskonsulenten Jochmann aus Riga gekommen, der sich in Karlsruhe niedergelassen hatte und eine außerordentliche Summe für die gute Sache der Gründung der heute noch arbeitenden Stiftung vermacht hatte. Der Name Carl Gustav Jochmann wird in der Geschichte Karlsruhe nicht mehr erwähnt, aber es mag doch die Sache wert sein, ihn hiermit in Erinnerung zu rufen.

[26] *Karlsruher Zeitung Nr. 123*, S. 881, 4. Mai 1831.

[27] *Karlsruher Intelligenz- und Tage-Blatt, Nr. 122*, S. 493, 22. Mai 1833.

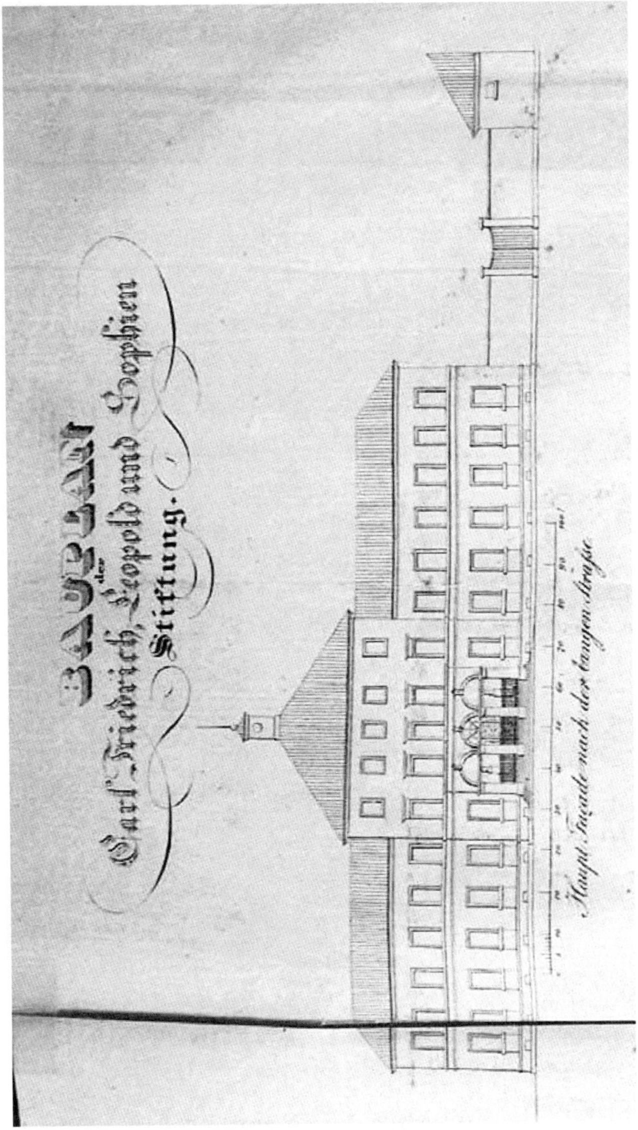

Aus: *Das Karlsruher Unterhaltungsblatt; 4. Jg., Nr. 16*, 1831, vor S. 61.

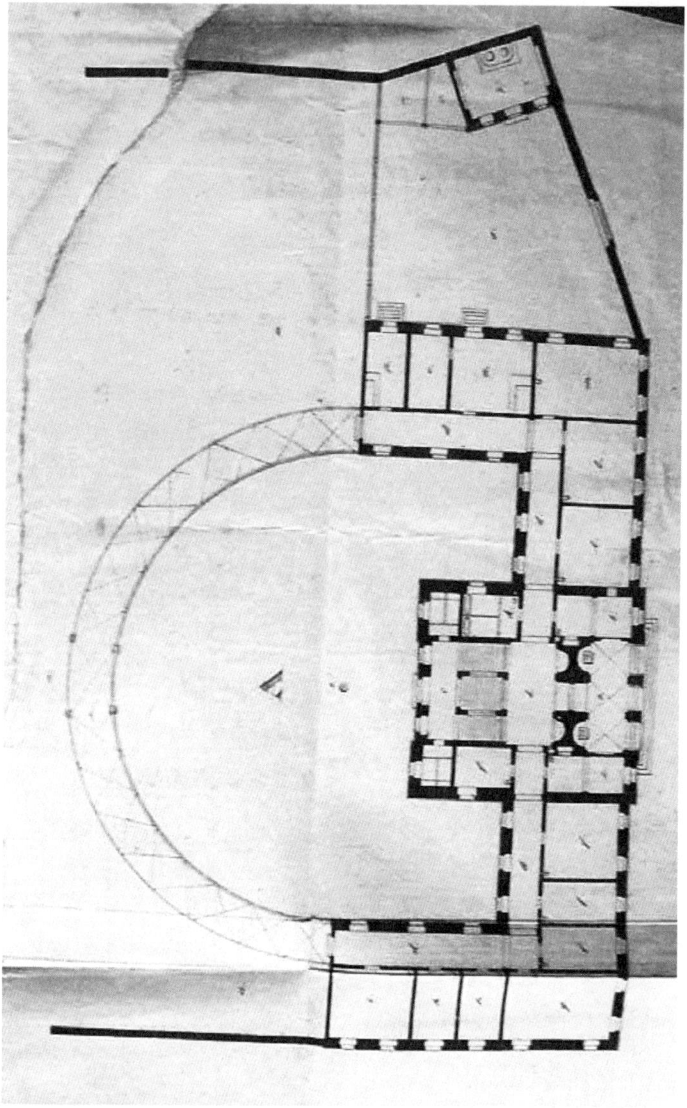

Grundriss des Erdgeschosses
Aus: *Das Karlsruher Unterhaltungsblatt; 4. Jg., Nr. 16*, 1831.

Literatur:

anon. (=Griesbach) (1820). Ein Vorschlag zum besten Karlsruh's, gerichtet an seine wohlhabende Bewohner und Gönner. *Karlsruher Intelligenz- und Wochenblatt Nr. 97* (3. December 1820), 407-408.

anon. (1830). Aus Baden. *Hesperus, Encyclopädische Zeitschrift für gebildete Leser*, 1. Jg. 1830 (Nr. 6+8), 22-23+29-31.

anon. (1831). Über Verpfründungs- und Versorgungs-Anstalten, insbesondere über diejenige, welche gegenwärtig zu Carlsruhe errichtet wird. (Mit einem Bau-Plan.). *Karlsruher Unterhaltungs-Blatt. Ein für alle Stände, Jung und Alt, interessantes und belehrendes Bilderwerk, 4. Jg, Nr. 16* (S. 61-64). Karlsruhe: C. F. Müller'sche Hofbuchhandlung.

Asche, Susanne (1996). Bildung, Wirtschaft und Politik. Der erste Karlsruher Oberbürgermeister Christian Griesbach (1772-1838) als Vertreter des neuen Bürgertums. *Zeitschrift für die Geschichte des Oberrheins, 144*, 355-379.

Eckardt, Julius (1863). Carl Gustav Jochmann. *Baltische Monatsschrift, 7*, 295-344.

Eckardt, Julius (1868). Carl Gustav Jochmann. In *Die baltischen Provinzen Rußlands. Politische und culturgeschichtliche Aufsätze* (S. 270-315). Leipzig: Duncker & Humblot.

Eckardt, Julius (1869). Carl Gustav Jochmann. In *Die baltischen Provinzen Rußlands. Politische und culturgeschichtliche Aufsätze* (2. Aufl., S. 313-358). Leipzig: Duncker & Humblot.

Griesbach, Christian (1829a). Bekanntmachung. *Karlsruher Intelligenz- und Wochenblatt Nr. 96, Beylage* (29. November 1829), 681.

Griesbach, Christian (1829b). Plan für eine Verpfründungs- und Versorgungsanstalt alter oder arbeitsunfähiger Personen. *Karlsruher Intelligenz- und Wochenblatt Nr. 96, Beylage* (29. November 1829), 682-683.

Haufe, Eberhard (Hrsg.) (1979). Jochmanns Testament. In Carl Gustav Jochmann, *Die unzeitige Wahrheit. Aphorismen, Glossen und der Essay 'Über die Öffentlichkeit'* (2. Aufl., S. 250-255). Leipzig: Gustav Kiepenheuer.

Haufe, Eberhard (Hrsg.) (1990a). Jochmanns Testament. In Carl Gustav Jochmann, *Die unzeitige Wahrheit. Aphorismen, Glossen und der Essay 'Über die Öffentlichkeit'* (3. Aufl., S. 236-240). Leipzig: Gustav Kiepenheuer.

Haufe, Eberhard (1990b). Lebenschronik. In Haufe (Hrsg.), Carl Gustav Jochmann, *Die unzeitige Wahrheit. Aphorismen, Glossen und der Essay*

'Über die Öffentlichkeit' (3. Aufl., S. 253-275). Leipzig: Gustav Kiepenheuer.

Heunisch, Adam Ignaz Valentin (1833). *Geographisch-statistisch-topographische Beschreibung des Großherzogthums Baden nach den Bestimmungen der Organisation vom Jahre 1832 größtentheils nach officiellen Quellen bearbeitet.* Heidelberg: Karl Groos.

Reimers, Heinrich Christoph von (1805). *St. Petersburg am Ende seines ersten Jahrhunderts, mit Rückblicken auf Entstehung und Wachsthum dieser Residenz unter den verschiedenen Regierungen während dieses Zeitraums.* St. Petersburg: F. Dienemann & Comp.

Weech, Friedrich v. (1898). *Karlsruhe. Geschichte der Stadt und ihrer Verwaltung. II. Band, 1830-1852.* Karlsruhe: Macklot.

Unumgängliche Coda

Das Gebäude in der Stephanienstraße 84, für dessen Bau die Stiftung Jochmanns Vermächtnis verwendete, wurde im Bombenregen des Zweiten Weltkriegs vernichtet ebenso wie sämtliche dort verwahrten Dokumente.

Personenregister